AF330540

LA DOBROUTCHA

PARIS. — IMP. SIMON RAÇON ET COMP., RUE D'ERFURTH, 1.

VUE DE KUSTENDJÉ.

SOUVENIRS D'ORIENT

LA

DOBROUTCHA

PAR

LE DR CAMILLE ALLARD

EX-MÉDECIN SANITAIRE
CHARGÉ DU SERVICE MÉDICAL DE LA MISSION DANS LA RÉGION DANUBIENNE EN 1855
MÉDECIN INSPECTEUR DES EAUX THERMALES DE SAINT-HONORÉ NIÈVRE
ETC.

VARNA

KUSTENDJÉ ET LES RIVES DE LA MER NOIRE

LES RUINES ANTIQUES A KUSTENDJÉ — TOMIS ET CONSTANTIA

OVIDE EN EXIL — LES STEPPES

ET LES VILLAGES TATARS — LES FOSSÉS DE TRAJAN

BASSOVA — LES VALAQUES ET LES TZIGANES

LES RIVES DU DANUBE ET LE LAC KARA-SOU — LES RUSSES

ET LES COSAQUES

PARIS

CHARLES DOUNIOL, LIBRAIRE-ÉDITEUR
RUE DE TOURNON, 29

—

1859

—

LA DOBROUTCHA[1]

—

I

VARNA

Le charme qui s'attachait jadis aux récits ou aux peintures des poëtes, des savants ou des artistes qui seuls nous parlaient de l'Orient, nous en faisait rêver comme d'une contrée pleine de merveilles. En est-il de même aujourd'hui? De tous les touristes forcés qui ont été conduits en Orient, les uns étaient trop occupés pour saisir des détails pittoresques qui leur échappaient; les autres, trop sensibles au dégoût que leur inspiraient les immondices des voies publiques et les parasites de tout genre, ne savaient que pousser des

[1] La mission dans la région danubienne, qui a eu pour conséquence l'ouverture d'une route entre Rassova et Kustendjé, avait été confiée, par MM. les ministres des travaux publics et de la guerre, à M. L. Lalanne, ingénieur en chef des ponts et chaussées. Sur la demande de M. Lalanne, MM. Michel, ingénieur ordinaire, Louvel et Bienfait, conducteurs des ponts et chaussées, Allard, médecin

soupirs de regret en songeant au confort de Londres ou de Paris. Il était de mode pendant la guerre de se dire désenchanté à Constantinople, et il fallait presque du courage pour être d'un avis différent. On trouvait dans toutes les bouches l'histoire de ce voyageur *d'outre-Manche*, qui tous les ans venait au milieu du Bosphore contempler le panorama de Stamboul et n'y débarquait jamais. Que de gens disaient n'avoir vu que de la boue et des chiens dans ces rues et ces bazars où la lumière semble se jouer et les brillants costumes de l'Orient se grouper à plaisir sous les yeux de l'artiste! Les yeux des hommes du Nord ne savaient pas voir la lumière du Midi.

J'avais entendu dire de Varna plus de mal encore que de Constantinople; aussi désirais-je que le *Philippe-Auguste*, paquebot-poste à bord duquel je remplissais les fonctions de médecin sanitaire, quittât la ligne de Kamiech, à laquelle il était attaché, pour aller visiter Varna. Un léger accident arrivé au courrier de cette ligne nous fit un jour prendre cette direction, et le lendemain je me réveillai devant l'antique cité des Odessitains.

Assise au pied d'une montagne que pare une magnifique végétation, sur les rives d'un golfe large et profond, la capitale déchue de la Bulgarie étale ses maisons bariolées sur de hautes falaises de craie blanche; un long mur de défense entoure partout la ville. Du côté de la mer la monotonie de ce rempart n'est interrompue que par deux portes et par les mâts de pavillon qui s'élèvent au-dessus des habitations consulaires. Les falaises s'abaissent près de l'embouchure du Pravadi, petite rivière qui vient se jeter dans la mer devant la porte de Varna, et dont les eaux forment le grand lac de Devna. Ce lac, qui n'est séparé de la mer que par une étroite langue de terre, a une profondeur considérable, et il serait un des plus beaux ports du monde si le gouvernement ottoman se décidait un jour à creuser le lit de la rivière et à établir ainsi une voie de communication large et facile en-

sanitaire, Aninoschano, topographe valaque, furent successivement attachés, sous sa direction, au service de la mission. L'auteur de ce récit ne veut nullement se faire l'historiographe de la mission danubienne, aussi restera-t-il complétement étranger à tout ce qui la regarde; mais, ne s'étant presque jamais trouvé isolé de ses compagnons de voyage, il n'aura que très-rarement l'occasion de parler au singulier.

tre la mer et cet admirable bassin naturel. Ce travail serait d'autant plus nécessaire, que toute cette côte de la Turquie manque de mouillage complétement sûr par tous les vents.

La première fois que je débarquai à Varna, le 10 juin 1855, la rive était encombrée de *mahones* [1] chargées de munitions de guerre et de troupes turques, que l'on embarquait pour la Crimée. Un grand bateau à vapeur chauffait dans la rade, où mille canots se croisaient, et une foule d'hommes et d'animaux s'agitait sur le rivage, donnant au paysage une étrange animation.

Quand on a franchi le seuil de la porte, on se trouve dans le quartier qu'a dévoré l'incendie de 1854. Au premier plan, les pans de murs qui conservent encore les traces du feu, une mosquée brûlée, surmontée d'un minaret tronqué, quelques chiens courant au milieu des démolitions, et au fond le lac et les belles collines qui l'entourent, formaient un tableau plein d'une grandeur imposante.

En quittant ce lieu de désolation on traverse le quartier des bazars; on sait quelle est l'animation des bazars turcs, quel mouvement singulier s'y montre. La ville intérieure de Varna n'a rien de remarquable, sauf quelques détails pittoresques, répandus avec moins de profusion que dans certaines autres villes de l'Orient. Les rues mal percées m'ont paru plus propres qu'à Constantinople; il est vrai qu'un inspecteur, Ali-Pacha, était attendu, et qu'il n'avait pas plu depuis longtemps. Presque toutes les maisons sont bâties au milieu de jardins séparés de la rue par des murs élevés et par de grandes portes de bois plein ; aussi la monotonie de ces rues solitaires est-elle très-grande. La partie de la population qui se dit grecque, et qui est, en grande partie, bulgare, possède les maisons les plus propres, et les autorités turques y logeaient presque exclusivement les Français à leur arrivée. Les malheureux habitants chrétiens avaient ainsi presque toutes les charges de l'occupation, que les Turcs avaient soin d'épargner aux leurs.

La société militaire française se réunissait le dimanche soir dans les salons de notre agent consulaire, M. Tedeschi, où l'on aimait à

---

[1] Grands bateaux sans mâtures qui servent de transport pour l'embarquement et le débarquement.

rencontrer, souvent pour la première fois, les officiers nouvellement arrivés et tous les voyageurs de distinction de passage à Varna. J'eus l'honneur d'y faire la connaissance de M. Léon Lalanne, directeur de la mission dans la région danubienne, et de M. l'ingénieur Michel, attaché à la même mission. Les soirées de l'agence consulaire étaient toutes françaises, et rien du dehors ne venait ordinairement y rappeler l'Orient; un soir pourtant, quelques sons d'une musique plaintive nous arrivèrent de la rue : c'était un de ces *tsiganes* ou bohémiens, si communs en Turquie, qui passait en jetant au vent ses notes aiguës. On eut l'idée de le faire monter plutôt pour en rire que pour l'écouter. Nous vîmes arriver un homme aux longs cheveux, vêtu d'un grand cafetan serré autour de la taille; un large chapeau de feutre noir ombrageait son regard à la fois brillant et triste. Il portait une sorte d'orgue de barbarie, dont il accompagnait les chants d'une petite fille qui le suivait; les cheveux de l'enfant étaient blonds, sa physionomie intéressante et chétive. Une longue robe déchirée, qui conservait encore la forme de celles que portent les femmes cosaques, couvrait ses membres frêles. Il y avait tant de mélancolie sauvage dans ce groupe, que nous fûmes tous émus à sa vue. La petite fille nous fit bientôt entendre, sur un diapason excessivement élevé et avec l'accompagnement de l'orgue, un chant populaire russe, dont les notes étaient tantôt plaintives et lentes, tantôt vives et comme fiévreuses, mais dont le ton mineur conservait toujours un grave et mélancolique caractère. On eût dit un rêve musical, où les douleurs du moment, les joies du temps passé, et peut-être les douces espérances de l'avenir, venaient en traits de feu se peindre tour à tour à l'âme de l'auditeur. Cette mélodie suave et étrange à la fois est bien faite pour jeter dans ces rêveries irrésistibles qui prennent l'âme, sur les flots, au désert ou dans le steppe, partout où Dieu soulève à l'œil de l'homme un coin du voile qui cache son immensité.

Je fus frappé de l'analogie saisissante qu'offraient cette petite fille exilée, sans patrie, et ces officiers français, éloignés, eux aussi, de tout ce qu'ils aimaient. Ces airs patriotiques ennemis, que l'enfant chantait, peut-être sans les comprendre, faisaient sur les âmes des auditeurs une sympathique impression que trahissaient leurs visages attendris. C'est ainsi qu'une fraternité cachée se révèle partout entre les hommes au milieu même de ces guerres fatales qui depuis le commencement du monde semblent lui donner un sanglant démenti! Que d'amitiés nous avons vues se former dans les tranchées de siége, au moment où un court armistice faisait taire le canon et des semblants de haine! Des mains ennemies se pressaient pour la première et la dernière fois; et l'on se promettait des jours plus fortunés, et l'on riait de la mort, que quelques instants plus tard on devait réciproquement se donner.

Vers le milieu de juin, je retrouvai MM. Lalanne et Michel à bord du *Philippe-Auguste*, et c'est durant notre commun séjour dans la capitale de la Turquie que je fus attaché à la mission danubienne. Le 28 juin nous étions de retour à Varna. Nous fûmes logés chez des Grecs ou Bulgares, que notre présence ne charmait pas. Nous n'habitâmes guère cette maison qu'une semaine, depuis les derniers jours de juin jusqu'au 6 juillet, moment de notre départ pour Kustendjé. Nos hôtes ne dissimulaient pas leur joie de se voir débarrassés de nous, qui tâchions pourtant de leur rendre notre séjour le moins importun possible. Ils ne comptaient pas, il est vrai, sur la générosité française, qui sembla, au moment de notre départ, calmer un peu leur colère.

La semaine que nous passâmes à Varna, grâce à la petite société française que nous y retrouvâmes, nous parut bien courte. Nous allâmes rendre visite au pacha de Varna, et je fis plus ample connaissance avec l'hôpital et la chapelle catholique. Rien ne change en Orient; et, comme je n'ai pas la prétention de décrire mieux qu'un autre une réception officielle en Turquie, je ne dirai rien de l'accueil gracieux que daigna nous faire sa massive Excellence. Mais, après le premier tchibouk, après la première tasse de café, la politesse du pacha devint de l'empressement, lorsque les *effendis* qui l'entouraient lui eurent fait lecture du firman du sultan relatif à la mission danubienne. Il est du reste inutile de dire qu'on se prosterne toujours devant ce divin papier, qu'on jure de se jeter dans le Danube, ou de faire autre chose de ce genre pour lui, puisqu'en somme on ne fait rien de ce qu'il ordonne, ou le moins possible. L'hôpital, dépourvu de tout caractère monumental, n'était remarquable que par son importance. C'était, avant la guerre, une caserne turque. Les salles de ce vaste bâtiment, disposées, au rez-de-chaussée, autour de deux immenses cours carrées, ont contenu jusqu'à six cents blessés français venant de Crimée. Une partie de l'édifice était consacrée aux Turcs, l'autre aux Français. J'eusse été bien curieux d'assister à une visite de l'*Hakim-Bachi* ottoman ; mais celles de M. le docteur Tellier m'offraient trop d'intérêt pour que j'eusse pu me décider à en perdre une seule pendant mon séjour à Varna.

Rien n'était plus pauvre que la chapelle catholique, que nous cherchâmes longtemps sans la trouver. Dans un des quartiers reculés de la ville, une porte vermoulue donnait accès dans une petite cour, au milieu de laquelle s'élevait une échelle de bois : c'était l'escalier qui conduisait à la chapelle. Ce fut pour nous une bien douce consolation, dans notre éloignement de la France, de voir si loin d'elle ce petit groupe de chrétiens agenouillés devant Dieu. On sait, du reste, quels exemples de piété a donnés notre armée en Orient, et les résultats de cette guerre ne seront pas moins précieux pour la foi que pour la civilisation. C'était un touchant spectacle que donnaient ainsi nos braves soldats. La pauvre petite chapelle de Varna contenait à peine tous les officiers qui s'y pressaient, et leurs beaux uniformes faisaient un heureux contraste avec la nudité du saint lieu.

La campagne des environs de Varna, par ses pittoresques promenades, offrait de précieuses ressources contre l'ennui d'un séjour dont aucune émotion ne venait troubler le calme habituel.

Nous allâmes un beau soir chevaucher sur la verdoyante prairie que le lac de Devna caresse de ses petites vagues argentines. La verdure vient tantôt mourir sur la rive au milieu des roseaux, tantôt elle se penche sur les eaux au-dessus des falaises. Quelques beaux bouquets d'arbres brisent de temps en temps les lignes onduleuses du paysage, qu'animent de nombreux troupeaux de bœufs et de chevaux. La rive opposée s'élève au-dessus du lac en coteaux faiblement inclinés et couverts d'une riche et sombre végétation. Nous arrivâmes auprès d'une petite fontaine tout entourée d'hommes et d'animaux. Les fontaines turques empruntent à tout le paysage et à la pensée même qui a présidé à leur établissement une poésie charmante. Elles sont toujours, comme les puits, d'origine pieuse. Ceux qui en dotent leurs concitoyens ne leur demandent que des prières pour toute rémunération. L'on ne saurait voir sans une douce émotion ce filet d'eau limpide qui coule sans cesse au milieu des plus âpres solitudes, comme une source toujours féconde de prières et de forces, dont la caravane altérée ou le cavalier brûlant de soif n'oublient jamais la généreuse origine. Mais les teintes empourprées du soleil couchant avaient fait place sur le lac aux grandes ombres des montagnes, qui tendaient à se prolonger encore. Nous nous hâtâmes de revenir sur nos pas. Le soleil est à peine couché depuis un quart d'heure, qu'en temps ordinaire on essayerait en vain d'éveiller les fidèles gardiens de la sûreté de Varna; et on s'exposerait, en arrivant trop tard, à rêver jusqu'au lendemain, devant les portes closes, à la beauté des nuits orientales.

Nous allâmes un autre jour nous promener au Monastère; c'est un but d'excursion que les habitants de Varna aiment à donner aux étrangers. Après avoir traversé les riants vergers qui entourent la ville, nous nous engageâmes dans d'étroits sentiers ombreux, bordés de chênes, d'ormeaux et de platanes, dont les troncs se cachent dans de magnifiques haies d'aubépines. Le soleil ne semblait se glisser furtivement sous ces galeries verdoyantes que pour donner, par sa douce chaleur, plus d'intensité aux suaves émanations des fleurs sauvages, sans pour cela faire disparaître la fraîcheur d'une atmosphère embaumée. Nous éprouvions un bonheur extrême à courir sous ces allées couvertes, et à sentir les caresses du feuillage, que, dans notre course, nos visages effleuraient de temps en temps. Nos chevaux eux-mêmes semblaient partager la charmante excitation que nous donnaient la brise du matin et toute la poésie du pays enchanteur que nous traversions. Nous aperçûmes bientôt un monticule qui s'élevait en forme de tumulus, au-dessus d'un petit plateau découvert. Nous quittâmes la route du Monastère pour gravir cette petite élévation; et nous restâmes longtemps immobiles dans une muette contemplation devant le splendide spectacle qui s'offrit à nos yeux. A nos pieds, le coteau que nous avions gravi au milieu des vignes, des vergers et des bois, se déroulait en pente douce jusqu'à la plage. La mer, couverte des mille traces azurées que forment les courants dans les beaux jours, allait au loin se confondre avec le ciel derrière les légères vapeurs du matin. A la droite du tableau, Varna s'étendait sur son tapis de verdure, que caressaient les eaux scintillantes du lac de

Devna. Au fond, les collines boisées, derniers chaînons des Balkans, jetaient leurs grandes ombres dans les eaux du golfe, et se découpaient en silhouette sur un ciel étincelant.

Nous poursuivîmes notre promenade et nous arrivâmes au pied d'une jolie petite source qui coule solitaire à l'ombre de quelques arbres jetés au bord de la mer. Un grand bâtiment s'élevait auprès de notre lieu de repos; peut-être était-ce là l'ancien monastère? Les Français y avaient établi, je crois, un hôpital en 1854; ils y avaient aussi formé un petit port de débarquement. Quelques pierres que la mer n'a pas encore dispersées en indiquent seules la trace. Tel a été, du reste, le sort de tous les monuments antiques qui auraient pu jeter quelques lumières sur l'histoire de Varna. Presque rien n'est resté pour nous parler de son passé, et une seule inscription est venue démontrer dans ces dernières années que c'est à la place de Varna que les Milésiens, sous le règne d'Astyage, roi des Mèdes, fondèrent leur colonie d'Odessus. Le seul fait important de l'histoire de Varna, la victoire d'Amurat II, en 1444, sur Ladislas V, roi de Hongrie, n'a pas laissé plus de traces. Après le long siége de 1828, Varna fut contrainte de se rendre aux Russes, qui l'assiégeaient. A part l'intérêt qu'elle a tiré des circonstances de la dernière guerre, Varna n'est célèbre dans l'histoire que par ces deux grands événements.

VUE DU PORT ANTIQUE, DES FALAISES ET DE LA ROUTE FRANÇAISE A KUSTENDJÉ.

II

KUSTENDJÉ ET LES RIVES DE LA MER NOIRE.

Le 6 juillet, l'*Army-and-Navy,* petit paquebot affrété par l'intendance française, jetait, en nous attendant, son panache bicolore à la brise du soir. Nous devions en effet profiter de son retour à Kustendjé pour nous rendre dans la Dobroutcha. Un détachement de huit hommes, que le commandant supérieur de Varna avait donné à la mission, devait nous accompagner. Nous partîmes après le coucher du soleil; la nuit était magnifique, et permit à ceux d'entre nous qui ne purent pas prendre place dans la petite cabine du navire de passer de longues heures de contemplation devant le sublime spectacle qu'offre toujours le rayon solitaire d'une lune sans nuages sur une mer calme. Les ombreuses collines du Tékié et de Baltchik passèrent successivement devant nos yeux, au-dessus de leurs falaises blanches; et nous ne pûmes pas admirer dans l'ombre de la nuit les splendides reflets de terre de Sienne brûlée que jette dans les flots durant le jour le cap de Kala-Kria. C'est au sud de ce cap qu'est placée la petite ville de Baltchik, l'antique Dionysopolis, plus anciennement encore appelée Cruni (Κρουνοί) à cause de ses sources d'eau douce. On sait tous les services que sa rade, fermée aux vents du nord, a rendus à la marine

française. Baltchik, dominé par des falaises desséchées, est dans de
bonnes conditions de salubrité; mais le peu de largeur de la plage
sera toujours un obstacle à son développement commercial, à moins
que par des travaux de remblais considérables.on n'éloigne la mer de
la falaise. Baltchik est placé à l'entrée de la Dobroutcha, région des
steppes, qui s'étend au nord-est de la Bulgarie, entre Silistrie, Baltchik, le Danube et la mer Noire. C'est l'ancienne Scythie romaine.

Du pont du navire, la Dobroutcha nous apparut dans toute sa nudité sauvage. Les arides falaises de craie qui forment ses rives font
place en certains points à des dunes de sable derrière lesquelles nous
apercevions de grands lacs couverts d'oiseaux aquatiques. De temps
en temps de nombreux pélicans nous apparaissaient au fond d'un
golfe désert, un dauphin se jouait avec le sillage de notre hélice,
un souffleur lançait au-dessus des flots son jet d'écume; mais tout
être animé disparaissait bientôt, et rien ne venait plus troubler le
calme et la solitude de cette nature, dont un soleil de plomb semblait encore augmenter la monotone, mais solennelle poésie. Sur
ces flots déserts, devant cette rive abandonnée, Ovide, il y a bientôt
deux mille ans, se croyait peut-être aux limites du monde :

Lassus in extremis jaceo populisque locisque.

(*Trist.*, l. III, iii.)

Les falaises de la Dobroutcha, que nous ne perdions plus de vue,
avaient en effet un caractère si étrange, que nous étions sur le point
de nous laisser aller nous-mêmes à cette crainte quand nous aperçûmes le cap de Kustendjé.

Sur une pointe de terre en forme de lyre et sur de hautes falaises,
la ville de Kustendjé, ou Kostendjé, étalait autrefois ses maisons clair-
semées; la plage étroite, mais plus large qu'à Baltchik, laissait l'emplacement de grands magasins, dont les ruines couvrent la rive. Une
jetée antique forme encore un petit bassin qui devait être suffisant
pour les galères, mais qui contiendrait actuellement à peine une
demi-douzaine des plus petits navires de commerce. Il suffirait
pourtant d'un peu de travail pour y obtenir un abri complétement

sûr pour des navires de trois à quatre cents tonneaux. Kustendjé
est encore le meilleur port de cette région. Sa rade est foraine,
mais de bonne tenue, et ouverte seulement aux vents du sud. Elle
vaudrait celle de Baltchik si elle avait la même profondeur.

Nous saluâmes en passant l'équipage de la goëlette stationnaire
française; elle se balançait sur la rade, attendant l'occasion d'offrir un
refuge aux officiers et aux soldats français chargés de faire des approvisionnements de foin dans les steppes, et qui, dépourvus de moyens
de défense, n'eussent pu songer qu'à la fuite dans le cas d'une invasion russe.

Notre navire mouilla en rade, et un canot se détacha de son bord
pour venir nous déposer sur une colonne de granit brisée et couchée,
qui formait l'extrémité d'une petite jetée construite pour le service de
l'intendance française.

Dès que nous eûmes mis pied à terre, notre cœur se serra à la vue
de toutes ces ruines solitaires dont les pierres miroitaient en silence
sous les rayons d'un soleil brûlant. Les tiges de l'angélique envelop-
paient de toutes parts les pans de murs, qui conservaient encore les
traces de l'incendie. Des squelettes de buffles, de bœufs et de chevaux gisaient partout sur la plage. Quelques chiens maigres couraient
çà et là, se disputant des restes immondes. De temps en temps une
femme turque, enveloppée de son grand voile blanc, comme une ap-
parition funèbre, semblait venir nous épier à travers les fissures
d'une ruine. Tout ce sombre tableau servait de cadre à deux ou trois
beaux enfants qui, par leur vivacité, par les brillantes couleurs de
leurs vêtements orientaux, semblaient une protestation vivante contre
la mort. Quelques figures de zouaves crayonnées au charbon, des noms
français écrits sur des pans de mur en ruines, tels étaient les seuls et
éphémères monuments du passage des Français.

Nous trouvâmes les autres membres de la mission installés dans
une ruine dont la façade était tournée vers la France. La mer déroulait devant nous son splendide tapis, sur lequel les courants dessi-
naient comme à Marseille et à Varna leurs arabesques fantastiques.
Immobile au milieu du golfe et solitaire comme nous, notre petite
goëlette étendait jusqu'à nos pieds ses longs reflets.

Notre premier repas de corps fut des plus joyeux : une vieille porte nous servit de table, et l'un de nos soldats nous prépara un déjeuner moins que frugal, mais auquel ne manquèrent ni appétit ni gaieté. Nous rîmes de nos misères, et nous nous contentâmes d'eau saumâtre pour boire à la gloire de notre France. Nous ne voulions pas chasser nos compagnons de leurs logis, et il nous fallut, après le déjeuner, songer à dresser notre tente dans la cour de notre habitation. Dès que nous eûmes terminé notre installation de campement, nous allâmes faire notre première visite aux officiers français qui se trouvaient en ce moment à Kustendjé. M. le sous-intendant Blondeau, avec une amabilité toute française, nous invita à dîner pour le jour même; nous trouvâmes à sa table cordialité, sympathie profonde, et déjà même douce intimité. Tout cela était bien suffisant pour nous faire oublier les imperfections du menu des repas de Kustendjé. MM. Fouché, officier d'administration, et Gaudin, médecin militaire, avec lesquels nous nous trouvâmes réunis chez M. Blondeau, complétaient toute notre société française.

Nos relations s'étendirent bientôt pourtant en dehors du petit cercle de nos compatriotes.

Dès le second jour de notre arrivée, nous reçûmes la visite de notre vieux propriétaire. Il représentait à lui seul toute l'administration des douanes de Kustendjé. Notre *banabach* (c'était le nom que nos soldats donnaient aux Turcs, qui nous appelaient eux-mêmes *dis donc*, traduction littérale de *banabach*) était un homme maigre, de moyenne taille, au teint hâlé, à la barbe rare et grise, à la physionomie débonnaire. Fidèle aux vieilles traditions, il portait une longue robe, à fond blanc, couverte de petites fleurs rouges aux feuilles vertes. Notre *banabach* ne voulut jamais accepter l'invitation que nous lui fîmes souvent de venir dîner avec nous; il craignait d'être forcé de boire du vin ou de manger du porc sans le savoir. Peut-être aussi avait-il peur d'être obligé de se servir à notre repas de toutes ces choses inutiles que nous appelons : serviettes, fourchettes, cuillers, etc. Cela ne l'empêchait pas de nous combler de prévenances, et surtout de melons et de pastèques; c'était, je pense, le produit le plus net de sa douane, probablement peu lucrative pour le sultan; car notre *ami* nous avouait un jour sans remords qu'il se rendait coupable de concussions. « Les appointements que je touche, nous disait-il, ne sauraient me suffire pour nourrir ma famille; et c'est sans scrupule que je rends compte au padischa d'une somme inférieure à celle de mes recettes. Je ne demanderais pas mieux que d'être son fidèle et désintéressé serviteur; mais il faudrait pour cela qu'il me donnât de quoi vivre. » Ce langage, que nous tenait le plus obscur des fonctionnaires ottomans, pourrait être celui de bien des employés de tous grades ; cela donne une idée du service administratif en Turquie.

Nous étions dans les bonnes grâces du premier officier public de Kustendjé, qui avait daigné nous faire l'accueil le plus gracieux du monde. Ce *muddir* avait une petite fille charmante dont il me semble voir encore les grands yeux noirs si pleins de mélancolie. La pauvre enfant, qui était déjà presque une jeune fille, savourait ses dernières heures de liberté; car son collier de monnaie d'or[1] faisait déjà deux fois le tour de son cou. Son front était ceint d'une couronne de sequins, et l'épouseur ne devait pas se faire longtemps attendre. On la rencontrait souvent seule dans les rues de Kustendjé, ou entourée d'une joyeuse troupe d'enfants; elle ne prenait déjà plus part à leurs jeux, elle semblait ne se mêler à eux que pour conserver plus longtemps le privilége de faire briller au soleil les paillettes d'or de son costume, que le feredjé[2] ne devait pas tarder de couvrir.

Il y avait à Kustendjé un autre Turc de distinction que M. Blondeau estimait beaucoup. *Salem*, le chef des cawas de l'intendance, était en effet le plus intelligent de ses compatriotes, et n'était nullement imbu de leurs préjugés. Il disait à M. Blondeau qu'il le recevrait chez lui s'il n'était pas obligé de ménager l'opinion publique. Salem avait pour femme la plus jolie kadine du pays. Il était très-heureux, car son ménage était le modèle de ceux de Kustendjé. Les Turcs ont d'ailleurs sous le rapport moral une réputation aussi proverbiale que souvent imméritée. La polygamie est beaucoup moins répandue en Turquie qu'on ne le croit en France, non pas que la loi la défende dans une certaine limite; mais elle y met des entraves en forçant le mari à donner à chacune de ses femmes tous les avantages de l'aisance et de la richesse dont elle jouissait sous le toit paternel. La masse de la po-

---

[1] Les jeunes Turques portent leurs dots autour de leurs cous, en sequins d'or qu'elles percent et réunissent en colliers.

[2] Grand voile dont les femmes mariées s'enveloppent en Orient.

pulation n'est pas assez riche pour avoir plus d'une femme, et quelques rares personnages seulement peuvent se donner le luxe des quatre femmes autorisées par le Coran. La famille turque, par suite du mystère qui l'entoure, est très-respectée. Aussi voit-on bien rarement des infractions à la grande loi du mariage. On se surveille réciproquement, et, de plus, l'iman, du haut de son minaret placé au-dessus des habitations, partout cinq fois par jour plonge son œil scrutateur; aussi la surveillance est-elle de tous les instants, et un délit peut-il difficilement passer inaperçu. Nous ne prétendons pourtant pas que la société turque soit toujours de mœurs irréprochables; mais au moins sait-elle garder une dignité que parfois on oublie en Occident.

La plus sérieuse sauvegarde des mœurs est, du reste, pour la population turque d'Europe, l'inertie des caractères et l'extrême nonchalance physique. Cette population, la plus faible de l'Orient, est en même temps la plus indifférente à tout ce qui la touche, j'allais dire la plus bienveillante envers les mille nationalités étrangères qui l'absorbent. La triste réputation d'intolérance des Musulmans, que de récents et sanglants attentats ne sont pas de nature à diminuer, n'a que de trop légitimes fondements en Asie, en Afrique et partout où prédomine l'élément arabe dans le peuple; mais, en Europe, des fonctionnaires cupides ou des prêtres fanatiques parviennent rarement à rallumer contre les nombreuses populations chrétiennes qui peuplent la Bulgarie les haines héréditaires de l'Islam. Les rives du bas Danube sont couvertes de villages russes, dont les habitants, exilés volontaires, préfèrent la domination turque à la tyrannie moscovite. Les alliés, durant la guerre, se sont établis partout sans rencontrer la moindre difficulté; et nous-mêmes, dans la Dobroutcha et au fond du Deli-Ourman, nous n'avons jamais couru le moindre danger. La pression morale de l'intervention armée ne saurait être objectée, car le bruit de nos exploits ne parvenait guère jusqu'au peuple, qui attribuait naïvement aux armes turques tous les succès des alliés. Il n'était pas rare, au moment de la prise de Sébastopol, d'entendre des Turcs raconter que cette ville avait été enlevée d'assaut par les leurs. Ils étaient quelquefois même d'avis que les alliés avaient été non-seulement inutiles, mais embarrassants. Cette ignorance n'était pas

le fait de la population civile seule, beaucoup d'officiers mêmes la par-
tageaient. Un jour, dans un café de Toultcha, un officier turc, entre
deux bouffées de tchibouk, s'étonnait que le sultan eût eu le caprice
de placer une femme sur le trône d'Angleterre, et, de plus, qu'il fût
allé appeler à son aide tant de chrétiens inutiles pour une besogne
qu'eût pu faire une poignée de Turcs. Un autre officier, plus clairvoyant,
répondit que, sans chercher à expliquer le fait d'une *femme sultan*
autrement que par le bon plaisir du padischa, il était facile de comprendre pourquoi celui-ci avait appelé les Francs en Orient : quel intérêt avait-il, en effet, à faire tuer ses sujets, quand un ordre de sa part
suffisait pour faire accourir à leur place toutes les nations de l'Occident? C'était probablement aussi la pensée du pacha de Toultcha, qui
se plaignait un jour à l'un d'entre nous que les Français ne vinssent
pas disperser la poignée de Russes réunis à Ismaïl et à Reni, et
la misérable flottille ennemie qui, en face de Toultcha, semblait
braver les quarante mille Turcs qu'il commandait en barrant les bouches du Danube. Mais, si nous avons rencontré souvent en Turquie
le défaut de lumières, nous avons vu aussi des hommes vraiment remarquables. C'est avec un véritable plaisir que je nomme ici Mah-
mout-Masar-Pacha, général de brigade, fils du célèbre Réchid-Pacha.
J'eus l'honneur de le rencontrer un jour entre Chumla et Varna, et
de passer toute une soirée avec lui à bord d'un paquebot français.
On ne trouve pas en France d'homme plus aimable et mieux élevé.
Je pourrais en dire autant d'un jeune capitaine du génie que je vis
souvent à Rassova et plus tard à Silistrie, et dont je regrette que le
nom m'échappe. Ce ne sont pas là, du reste, les seuls hommes dis-
tingués indigènes que j'aie rencontrés en Orient. Mais quelques rares
officiers ne suffisent pas pour changer l'esprit de l'armée, et les
hommes remarquables qui font l'honneur de la Turquie et le sultan
lui-même ne trouvent que des entraves au milieu d'une population
ignorante et inerte. Ils ont quelque influence au cœur de l'empire, à
Constantinople; mais, comme les rayons lumineux qui s'éloignent de
leur foyer, leur action s'affaiblit, avec leur autorité, de la capitale aux
frontières. Aussi la colonne du *Tanzimat* n'est souvent au fond des
provinces que le monument commémoratif seulement d'une réforme que
le peuple ignore et que les autorités sans force n'osent pas exécuter.

Nous ne restâmes sous la tente à Kustendjé qu'une semaine. Nous partîmes le 13 juillet pour notre voyage sur les rives du Danube. Mais, avant notre départ, le caporal attaché à la mission avait reçu l'ordre de restaurer une ruine qui devait être notre habitation. A notre retour, 17 juillet, nous retrouvâmes *un palais* : notre maison avait un toit de roseaux, des planchers au premier étage, et une échelle de bois en dehors pour arriver dans les chambres. Mais les planches manquèrent pour les portes et les fenêtres, et il fallut, en attendant qu'on nous en envoyât de Constantinople, nous contenter pour toutes fermetures de quelques feuilles de papiers trouvées au fond de nos malles, et de vieux journaux dont M. Blondeau voulut bien faire l'aumône à notre misère. Dès le premier jour de notre installation dans notre nouvelle résidence de Kustendjé, le drapeau français flotta au-dessus de nos têtes, et nous eûmes le bonheur de voir à son ombre la ville infortunée revenir insensiblement à la vie. Déjà l'intendance française lui donnait une animation insolite tous les dimanches, qui étaient les jours de paye des ouvriers occupés à faucher dans les steppes. Dès le milieu de juillet, les premiers ouvriers terrassiers arrivaient de Valachie, et leur nombre s'accrut rapidement. A un mois à peine d'intervalle, nous avons pu voir le silence de la mort faire place au mouvement le plus bruyant et le plus étrange qu'il soit possible d'imaginer. Toutes les populations de l'Orient semblaient s'être donné rendez-vous. Aux jours de repos, les Valaques se livraient à leurs danses nationales, pendant que le Russe, le Cosaque et le stupide Bulgare s'abreuvaient de rakiou[1]; et tous tombaient bientôt ensemble, les uns de fatigue, les autres d'ivresse. Le Grec, le Juif, l'Arménien, s'agitaient au milieu de toute cette foule, cherchant toujours quelque occasion de gain. Le Tatar, derrière la fumée de son tchibouk, semblait quelquefois regretter la sévérité du prophète, et le Turc impassible, les jambes croisées devant la porte de quelque *cafedji* de bas étage, conservait l'impassible gravité dont il ne se départ jamais. Rien n'était plus curieux et plus bizarre à la fois que le mélange de tous ces costumes, qui, par leurs contrastes, produisaient souvent le plus charmant effet. La robe blanche,

---

[1] Eau-de-vie de grains.

bordée de couleur rose, du Cosaque, se détachait avec beaucoup de charme sur le sombre habit de bure du Bulgare; et les brillantes couleurs du vêtement turc se groupaient bien avec les draperies antiques du Valaque à la physionomie intéressante.

Des populations entières de Cosaques, femmes, vieillards, enfants, étaient venues travailler pour les approvisionnements militaires; mais ces familles, dont tous les membres avaient pu être employés aux travaux de fauchage, de fanage et de transport des foins, disparurent dès que la récolte dans les steppes fut terminée. Les petites meules de fourrages préparées dans la plaine ne demandaient plus qu'une surveillance active, à cause des immenses incendies qui mirent souvent en alerte toute la population de Kustendjé. Toute l'activité des ouvriers de l'intendance se trouva concentrée sur ce dernier point tant que durèrent la construction des grandes meules et les travaux de pressage et de cerclage des bottes de foin, destinées à être prochainement embarquées. Les approvisionnements qui ont pu être faits ont été considérables, et plus de cent mille quintaux de foin ont été récoltés dans un carré qui n'a que dix kilomètres de côté.

Les travaux de terrassement ne contribuèrent pas peu, eux aussi, à l'animation de Kustendjé. La population valaque dont nous avons parlé y était exclusivement employée; les Valaques ne sont pas forts, mais il sont laborieux, tandis que les Turcs sont paresseux, et les Cosaques presque continuellement ivres quand le *rakiou* est à leur portée. Nous avons tâché plus haut de dépeindre la foule qui s'agitait aux heures et aux jours de repos autour des logements de l'entrepreneur et des ouvriers. Notre habitation, placée à très-peu de distance, n'était pas complétement à l'abri des inconvénients du voisinage. Il nous arrivait souvent de le maudire quand, harcelés la nuit par de microscopiques compagnons de lit, nous tâchions d'allumer une bougie que le vent venait éteindre à travers les fissures de notre *palais.* Nos rapports étaient continuels avec les ouvriers. Les journées entières se passaient souvent au milieu d'eux, et notre quartier, peu éloigné du leur, recevait de leur part de fréquentes visites. Ils n'étaient pas toujours d'accord avec l'entrepreneur des travaux, et leurs réunions mêmes ne se passaient pas toujours sans altercations et sans rixes. Les officiers français étaient ordinairement pris pour juges des

2

contestations. Rien de plus pittoresque que ces jugements vraiment antiques. C'était presque toujours le matin que les parties choisissaient,
comme l'heure où l'esprit du juge devait être plus éclairé. Les Orientaux, en effet, ne sont jamais mieux disposés qu'après leur premier
kief, et c'est à cette heure-là qu'il faut les prendre si l'on veut en obtenir quelque chose. Au moment donc où, après nous être rassasiés
de riz, nous montions le matin sur la galerie de notre *chalet* pour faire
notre kief, nous lamentant ensemble sur nos nocturnes persécutions
et cherchant à l'horizon une voile nouvelle, les plaideurs venaient se
placer en cercle dans la cour, derrière notre interprète; du haut de la
galerie, le juge entendait successivement accusateurs et accusés,
rendait son arrêt, et tout le monde se retirait satisfait sans songer à
un appel impossible. Il suffisait presque au juge de se montrer pour
terminer tous les différends des nations; telle est la docilité des populations orientales, et tant est grand le respect dont elles sont péné-
trées pour le nom français. Les vieux préjugés disparaissent peu à
peu, et, à la vue de ces Turcs qui, négligeant les lumières de leur
iman, venaient mettre leurs querelles aux pieds d'un officier français, j'aimais à songer qu'à Constantinople même c'est à la justice
française que Turcs, raïas et Francs ont le plus souvent recours.

Mais c'était sur le rivage que se voyait la plus vive animation :
les travaux de l'intendance y appelaient dans la semaine le plus grand
nombre des ouvriers, de même que le terrassement de la route occu-
pait exclusivement les hommes de la mission à mi-côte de la falaise.
Le rivage n'était pas moins animé, du reste, le dimanche, jour de toilette générale. Les familles cosaques se faisaient surtout remarquer
par une absence complète de la plus élémentaire pudeur. On s'ima-
gine facilement le fâcheux effet que fait sur l'esprit des Ottomans, de
mœurs toujours si sévères au moins à l'extérieur, le spectacle d'ivro-
gnerie, de débauche, de fourberie, de lâcheté, que les populations
chrétiennes dégradées de l'Orient ne donnent que trop souvent.

De notre habitation, placée sur le bord de la falaise et sur le
point culminant du cap, nous voyions la ville entière, enveloppée
par la mer. J'ai dit que c'était sur la plage qu'avait lieu tout
le mouvement; au-dessus du cap quelques tentes turques ne
semblaient avoir été jetées là que pour augmenter encore l'impo-

sant aspect de calme et de solitude des ruines. Trois fois par jour, le *muezzin*, du haut de son minaret, jetait sa voix perdue au désert. Ce petit tableau, que nous ne nous lassions pas d'admirer, n'était pour nous qu'une trop fidèle image de la Turquie tout entière : vie et mouvement, en effet, sur les rives maritimes et partout où s'agite l'industrieuse activité des populations étrangères; partout ailleurs solitude et mort, que la voix expirante de Mahomet ne saurait ranimer.

Kustendjé nous parut transfiguré durant tout le mois de septembre, et il ne fallait rien moins que la vue de ses ruines pour nous rappeler son premier aspect. Notre colonie s'augmenta d'un nouveau détachement de soldats d'infanterie de marine, d'une vingtaine d'hommes. Un fournisseur de l'armée établit à Kustendjé ses entrepôts, et deux de ses commis vinrent grossir notre petite société française. Nous eûmes aussi de charmantes visites : dans les derniers jours du mois d'août, M. Grandt, négociant anglais à Bukarest, accompagné de M. Power, commissaire de l'armée anglaise, étaient venus nous demander l'hospitalité d'un jour. MM. de Lémon et Place, consuls de France, passèrent successivement par Kustendjé, se rendant l'un à Constantinople et l'autre à Jassy. Dès que la récolte des foins fut terminée, de nombreux navires se balancèrent sur notre golfe, qui n'avait reçu que la visite hebdomadaire du petit remorqueur, chargé de la correspondance avec Varna; ces navires venaient charger des foins. Nous eûmes aussi l'occasion de voir quelques capitaines, qui ne marquaient souvent leur passage à Kustendjé que par l'extermination du gibier des alentours. Les eaux du golfe eurent successivement l'honneur de caresser les flancs du *City-of-Manchester* et de l'*Océan-Hérald*. Ce dernier clypper nous amena deux charmantes voyageuses, dont l'une était la fille du capitaine, Américain plein d'amabilité et de distinction. L'*Océan-Hérald* avait quitté les États-Unis depuis plus d'un an, et ses deux passagères, du fond d'un ravissant boudoir flottant, avaient essuyé toutes les tempêtes, avaient assisté à toutes les péripéties les plus émouvantes de la guerre. Nous rencontrâmes un jour ces deux dames dans les rues de Kustendjé; les Turcs étonnés ne détachaient pas leurs yeux de ce spectacle si nouveau pour eux. L'*Océan-Hérald* partit le lendemain pour Kamiech.

Notre désert avait pris à nos yeux un charme imprévu. Je me rappelle encore avec bonheur nos gaies réunions, quand, après le dîner, nous nous plaisions, au milieu d'une causerie intime, à jeter la fumée de nos cigarettes à la brise du soir. Nos ruines s'illuminaient des teintes du soleil couchant; et nous aimions à laisser voler nos rêveries vers la France, que rien ne nous rappelait que cette lumière même qui nous venait de l'Occident. Le confort même ne manquait plus à notre maison, et notre sobriété cosaque avait fait place à de joyeux festins. Nous avions avec nous un Grec, qui aurait pu donner des leçons de grammaire, qui avait été sergent dans l'armée russe, et qui, après avoir fait tous les métiers, avait fini par se faire cuisinier. Il quitta cette dernière profession au moment de notre départ pour devenir courtier interprète à Varna. Il nous détestait cordialement; aussi craignions-nous quelquefois que ses instincts patriotiques ne lui fissent commettre quelque erreur grave sur la qualité de ses assaisonnements. Toutes nos craintes se dissipèrent en nous trouvant en vie, le lendemain du jour où *Léonidas* (c'était son nom), frappé au cœur, apprit la nouvelle de la prise de Sébastopol. Il était d'ailleurs surveillé par son élève souvent récalcitrant, Tott, l'un des soldats de la mission, qui, dès notre arrivée en Dobroutcha, s'était emparé des fonctions de chef de cuisine; et qui, dès le premier jour, excella dans un art qu'il n'avait jamais appris. Mais Tott ne pouvait suffire à tout, il était aussi bon cuisinier que mauvais domestique; on dut songer à lui chercher un suppléant. J'avais remarqué un jeune ouvrier valaque, dont j'avais même fait quelquefois mon infirmier. Sa physionomie douce et intelligente, encadrée de ses longs cheveux et ombragée de son large chapeau de feutre, était un des types *roumains* les plus remarquables que j'aie rencontrés. J'avais été à même d'apprécier la bonne volonté et l'intelligence de *Costaki;* et je ne manquai pas de le présenter comme remplissant toutes les conditions désirées. On le trouva cependant d'un trop pittoresque négligé, et la difficulté était de le civiliser en un jour; mais il était *Roumain*, et ce titre suffisait pour qu'on pût tout lui demander. Le caporal se chargea de lui donner le baptême de la civilisation. Il le mena sur le bord de la mer, le dépouilla de sa grande robe valaque, de son large chapeau et même de ses beaux cheveux. Il fut procédé à une toilette complète, et nous fûmes servis à déjeuner par un domestique en pantalon de nankin et en redingote noire boutonnée. Mais le pauvre Costaki avait encore les yeux mouillés de larmes; car, à la vue de ses cheveux coupés et de son nouveau costume, il s'était mis à pleurer en songeant à sa mère, « qui, disait-il, ne le reconnaîtrait plus. » *Toudor*, le cocher de la mission, était un Transylvain qui, après avoir servi dans la guerre de Hongrie, s'était réfugié en Valachie. Son large chapeau de feutre noir, qui cachait presque complétement sa petite tête entourée de longs cheveux flottants sur les épaules, donnait à son costume européen un aspect étrange. L'unique pensée de Toudor était d'avoir six chevaux à sa *carrousse*, et de tenir en ses mains de longues guides. Je ne puis songer encore sans sourire à tous les subterfuges, à tous les grands et petits moyens qu'employait Toudor pour éviter l'humiliation de n'avoir que deux chevaux à conduire. Aussi que de soupirs lui entendions-nous pousser quand il lui fallait, à travers les steppes, conduire un char attelé de vieux chevaux et chargé d'outils et de bagages! Il avait cela d'ailleurs de commun avec tous les cochers de Valachie, qui se croient déshonorés quand ils n'ont pas au moins quatre chevaux à guider. De même, beaucoup de boyards n'oseraient pas parcourir les rues de Bukarest avec un attelage de deux chevaux : il n'est pas rare d'en rencontrer qui en ont dix à leur voiture.

Vers la fin du mois de septembre, un jeune voyageur anglais, M. Dodson, qui, ne reculant pas devant notre triste confort, était venu passer quelques jours à Kustendjé, emmena en Crimée l'un de nos amis de Paris qui était venu nous visiter. Ce départ fut pour nous comme la première brume d'automne. Vers le milieu d'octobre, nous quittâmes à peu près tous Kustendjé, où les travaux étaient terminés; toute l'activité était concentrée alors sur les rives du Danube.

Je ne quitterai pas Kustendjé sans faire une dernière excursion sur les rives des lacs que j'explorai si souvent le fusil sur l'épaule, et d'où je faillis un jour ne pas revenir par suite de l'explosion de mon arme. Quand on suit vers le nord le rivage de la mer, on voit à quatre kilomètres de ce point disparaître les falaises, et la côte n'est plus formée que par des dunes. Le premier lac que l'on rencontre à quelques kilomètres de Kustendjé, après avoir traversé le petit village tatar d'Anadolkeuï, est le petit lac de Kutchuk-Gueul. Près de ses rives coule une source, dont les eaux fraîches et pures remplacèrent souvent pour nous les fontaines de Bourgogne et de Guyenne. Nous ne pûmes jamais nous habituer complétement aux eaux saumâtres des lacs et des puits de la Dobroutcha : *Nec aquis adsuevimus istis*, avait dit Ovide bien avant nous; et ceux de mes lecteurs qui ont dû boire par force de l'eau croupissante comprendront les jouissances que nous éprouvions à nous abreuver à la source d'Anadolkeuï. Un peu plus loin que Kutchuk-Gueul, et à sept ou huit kilomètres de Kustendjé, un beau lac, que les Turcs appellent lac de lait (*Suth-Gueul*), brille au soleil comme un bras de mer; nous nous plaisions à l'appeler lac d'Ovide. Le grand poëte exilé a-t-il même jamais visité ses rives? La douleur le rendait trop injuste envers ces lieux pour qu'il ait daigné les chanter, et rien dans ses vers ne nous les désigne; ce qui a pu faire dire à M. de Humboldt, dans son *Cosmos*, qu'Ovide n'a pas senti la majestueuse beauté de la nature qui l'entourait.

Le lac de Suth-Gueul n'est séparé de la mer que par une dune de sable très-étroite, à travers laquelle il déverse ses eaux. Çà et là de grands roseaux croissent sur ses rives, et partout ailleurs ses flots limpides viennent se briser sur le galet. Sous le saule de *Pollas*, le seul arbre que l'on remarque dans les steppes, la vue du lac est charmante : ses grandes falaises de craie blanche jettent au loin leurs reflets, auxquels viennent harmonieusement se joindre ceux d'une petite île boisée. Nous l'avions appelée l'île d'Ovide[1]. L'un de nous a cherché en vain le tombeau du poëte sous les grandes lianes de l'île solitaire. Une image de la Panagia[2], fixée contre un arbre, au-dessus de la natte d'un pauvre pêcheur bulgare, fut la seule trace qu'il y vit du séjour de l'homme.

C'est sur les rives du lac de Suth-Gueul que le terrible fléau de 1854 était venu frapper notre armée. Nous foulâmes bien souvent sans le savoir d'héroïques dépouilles à Pollas, à Kanara, à Kergalik, où aucune trace du passage des Français n'est restée pour rappeler de douloureux souvenirs.

---

[1] Une vague tradition du pays est peut-être la seule trace que l'on trouverait du séjour du poëte romain dans la Dobroutcha. Le géographe Baudrand dit qu'il y a dans cette région un lac qui de son temps s'appelait encore vulgairement dans la langue du pays *ouvidove icsero* (lac d'Ovide).

[2] Nom grec de la sainte Vierge, *la toute sainte*.

III

LES RUINES ANTIQUES A KUSTENDJÉ. — TOMIS ET CONSTANTIA —
OVIDE EN EXIL.

Les débris antiques dont le sol de Kustendjé est couvert fixèrent trop souvent notre attention pour que nous ne leur consacrions pas ici une étude spéciale. Dès les premiers jours de notre arrivée, notre douanier turc nous avait offert de nous montrer un *tumulus* où l'on avait trouvé, disait-il, beaucoup de médailles et de bijoux antiques. Nous fûmes heureux d'avoir pour guide de notre promenade archéologique M. Blondeau, qui avait déjà étudié les ruines de Kustendjé. En sortant de la ville, notre savant compagnon nous montra d'abord le grand fossé qui s'étend sur toute la largeur du cap d'une rive à l'autre et qui servait d'enceinte. Il y a trouvé un chemin couvert par un mouvement de terrain, et qu'il croit avoir été protégé par une palissade. La levée présente quelques ouvertures, auxquelles correspondent des exhaussements du fossé. Ce sont les portes de la ville, par lesquelles passent les chemins qui se dirigent vers les steppes. Nous avions fait à peine quelques pas en dehors de l'enceinte, que nous arrivâmes à un *tumulus* peu élevé, où l'on voit que des fouilles ont été faites. La légende que nous avait racontée notre Turc sur ce *tumulus* avait-elle quelque fondement? Nous ne nous prononçons pas, car M. Blondeau a fait fouiller deux autres *tumuli* sans y rien trouver. Il est remarquable que les petits *tumuli* convergent vers un *tumulus* beaucoup plus élevé que les autres, et que l'on aperçoit de tous les points du steppe à une très-grande distance. Cette élévation nous guida bien souvent au milieu de ces solitudes, et elle sert de point de repère excellent pour les navigateurs qui cherchent Kustendjé. Peut-être a-t-elle servi autrefois d'observatoire pour reculer l'horizon du steppe, ou bien a-t-elle supporté une fortification? De l'enceinte de la ville au grand *tumulus*, il est facile de voir encore la trace de chemins couverts qui devaient faire communiquer ces deux points entre eux. Les *tumuli*, selon M. Blondeau, placés presque toujours sur les lignes de faîte et sur les voies, seraient, en même temps que des indicateurs de chemins et des observatoires, des tombeaux. Il n'est pas douteux que beaucoup de ces *tumuli* cachent des sépultures; on l'a constaté en Crimée, dans toute la Russie méridionale et dans la partie orientale de la Valachie, où ils sont très-nombreux. Dans la Russie méridionale presque toujours les *tumuli* sont placés sur les lignes de partage des eaux. Les *tumuli* ont donc été à la fois et des tombeaux et des observatoires, mais sans que cette double destination ait été constamment réunie.

Au retour de notre promenade, nous longeâmes vers l'ouest l'enceinte de la ville jusqu'à un ravin très-profondément escarpé. A l'entrée de ce ravin et au bord de la mer même, se trouvent les restes d'une construction gigantesque que nous prîmes d'abord pour une fortification, mais qui peut avoir été élevée pour servir de rempart contre l'envahissement des flots. Un pan de muraille et la base d'une tour sont tout ce qui est demeuré en place. Tout le reste est tombé dans la mer, qui en ronge les débris énormes. Le rivage, de ce point au cap, est couvert de ces ruines. On y remarque des débris de quai probablement plus modernes, et, quand la mer est calme et l'eau limpide, il est facile de voir à une petite distance de la rive des restes de constructions, des dalles surtout, qui semblent être encore en place, mais qui sont maintenant ensablées.

On voit sur le rivage des colonnes de granit rouge, de magnifiques blocs de marbre blanc tout à fait étrangers à la création géologique du pays. J'ai remarqué sur l'un de ces blocs deux excavations sculptées qui avaient pu servir de vases pour les eaux lustrales dans les sacrifices. Il m'a semblé en avoir vu un de la même forme dans le temple d'Isis à Pompeïa. L'un de nous a trouvé aussi sur le bord de la mer deux chapiteaux ioniques d'une grande pureté de forme et de dimension colossale, enfouis avec les piédestaux de pilastres inachevés.

Autour du cap est une muraille continue qui a pu servir autrefois et de mur de soutènement et de rempart. Partout ailleurs la falaise, presque exclusivement formée de calcaire coquillier, de marne, d'argile appartenant au terrain tertiaire inférieur, se montre exhaussée par une énorme quantité de débris de poteries, d'ossements d'animaux et de toutes choses qui indiquent l'existence ancienne d'une ville très-peuplée. M. Gaudin nous montra un jour une porte murée, ou plutôt l'orifice d'une galerie souterraine qui a pu servir de conduit aux eaux potables, amenées ainsi des deux petits villages de *Pollas* et de *Canara* sur les rives du lac de Suth-Gueul et de Kutchuk-Gueul. On voit encore des ruines de canaux aux environs de ces villages. Dans l'intérieur de Kustendjé, plusieurs puits antiques communiquent en effet avec cette galerie souterraine; le tracé de la route a traversé aussi un ancien égout. Tous ces travaux, selon MM. les ingénieurs, étaient très-bien faits et doivent être attribués aux Romains. Quand nous fûmes rentrés dans la ville, après avoir gravi la falaise, il fut facile à M. Blondeau de nous montrer la quantité de fragments d'inscriptions, de colonnes, de sculptures, que l'on rencontre partout dans les rues désolées. Toutes les maisons turques, elles-mêmes en ruines aujourd'hui, ont été construites avec les débris épars de la ville antique. Ici une frise grecque sert d'assise à un mur romain, là des briques romaines forment l'escalier d'une maison turque, et le piédestal de la statue d'un empereur peut-être se cache sur la place publique au milieu des plantes sauvages et des débris de foin. Un tombeau sert plus loin d'abreuvoir aux buffles et aux chevaux; une voie romaine étale encore ses grandes dalles. On ne trouve nulle part dans la région danubienne des ruines de cette importance; aussi est-il permis de supposer dès l'abord que c'était à la place de Kustendjé que s'élevait la plus grande ville de cette partie de l'ancien empire

romain, l'antique Tomi, que les médailles impériales appellent métropole du Pont, comme nous avons pu le lire sur la légende d'une
monnaie de Caracalla, trouvée à Kustendjé par M. Blondeau, et qui
portait les mots :

ΜΗΤΡΟΠΟΛ ΠΟΝΤΟΥ ΤΟΜΕΩC.

« Tomi, Tomis ou Tomes, » dit Mélétius (*Géogr*, t. III, p. 48, édit. de
1807), ville maritime entre Istropolis au nord et Calatis au midi, fut
ainsi nommée du dépècement (τομῆς) d'Absyrtus, frère de Médée,
dont le corps fut en ce lieu coupé en morceaux par sa sœur et enseveli
par son père. Cette ville porta aussi le nom de Milétis et enfin celui de
Constantia, du nom de Constantia, sœur du grand Constantin. On l'appelle
aujourd'hui vulgairement Constandza. » Tous les documents que l'on
peut recueillir sur cette question établissent l'exactitude de la succession
des noms de Tomis, de Constantia et de Costendjé, que donne le texte
grec de Mélétius. L'autorité, d'ailleurs, la plus imposante que l'on
puisse invoquer pour fixer le véritable emplacement de Tomi est celle
des inscriptions trouvées à Kustendjé. Or les inscriptions ne permettent aucun doute à cet égard. C'est toujours dans les cimetières qu'il
faut, en Orient, aller chercher les inscriptions antiques dont les Turcs
ne manquent jamais de se servir comme pierres tumulaires. Aussi en
trouve-t-on rarement d'intactes; elles sont souvent ou à peu près complétement effacées ou brisées. On rencontre à Kustendjé, dans les chemins ou sur les murs, beaucoup de pierres sur lesquelles on peut lire
encore quelques lettres grecques ou latines. Mais on n'a pu recueillir,
soit à Kustendjé, soit dans les cimetières voisins de Tekir-Gueul ou
d'Anadolkeuï, qu'une dizaine environ d'inscriptions complètes. Les deux
plus anciennes sont du règne d'Hadrien; elles ont été reproduites par
M. Henzen, continuateur du recueil d'Orelli, sous les numéros 5,287
a et 5,287. La première a dû être gravée sur le piédestal d'une
statue d'Hadrien, l'autre est funéraire :

IMP.CAES.DIVI.TRA
IANI.PARTHICI.F.DIVI
NERVAE.NEPOTI.TRAIAN
HADRIANO.AVG.PONTI..
MAX.TRIB.POT.XIII.COS.III.P.P.
SENAT.POPVLVSQVE.TOMITANORVM[1].

[1] Henzen, n. 5,287*a*.

D   M
M . VLPIVS . LONGINVS
EX . DEC . V . ET . BVL . TOMITAN
SE . VIVO . SIBI . ET . VLPIAE . AQVILINAE
CONIVG . SVAE . MEMORIAM . FECIT .
IMPENDIO . SVO . [1]

Nous voyons, par la dernière ligne de la première inscription, que, quand la colonie milésienne devint ville romaine, elle devint aussi le siége d'une municipalité ou *ordre de décurions*, qui, ainsi que dans les autres villes d'origine grecque, avait conservé le nom de BOYΛH, dont *senatus* est ici la traduction littérale. Il est vrai que M. Henzen doute de l'exactitude de la restitution du mot *senatus*, que l'on ne trouve guère dans les inscriptions de cette époque, où on lit ordinairement le mot *ordo*. Quelle que soit d'ailleurs l'exactitude de la restitution d'Arneth, l'éditeur de ces deux inscriptions, l'existence du *senatus* de Tomi est prouvée par le mot BVLEVTA que nous trouvons dans l'inscription funéraire qui suit, et que nous retrouvons encore au nombre des titres honorifiques d'un grand personnage de l'empire auquel les habitants de la colonie d'OEsca avaient élevé une statue, dont le piédestal avec inscription est actuellement à Bukarest. Cette inscription, dont M. Henzen donne le texte au numéro 5,280 de son recueil, appelle en outre Tomi du nom de cité pontique, et établit ainsi sa situation maritime :

. . . . . BVLEVTAE . CIVITATIS . PONTICAE . TOMITANORVM.

Cette position est mieux fixée encore par l'inscription suivante, gravée sous le règne d'Antonin, vers l'an 150 de notre ère, en l'honneur de Marc-Aurèle, alors César, et qui nous apprend l'existence d'une corporation de nautoniers à Tomis. Cette inscription avait été déjà recueillie par M. Papadapoulos en 1851. La colonne même sur laquelle elle se lit, retrouvée par M. Lalanne dans le cimetière d'Anadolkeuï, aux portes de Kustendjé, a pu être transportée en France par les soins de MM. les sous-intendants militaires Blondeau et Robert, pour être mise à la disposition du ministre de la guerre :

---

[1] Henzen. 5287.

ΑΓΑΘΗΙ . ΤΥΧΗΙ

ΤΩΝ . ΥΙΟΝ . ΤΟΥ . ΑΥΤΟ

ΚΡΑΤΟΡΟΣ . Μ . ΑΥΡΗ

ΛΙΟΝ . ΟΥΗΡΟΝ . ΚΑΙΣΑ

ΡΑ . Ο . ΟΙΚΟΣ . ΤΩΝ . ΕΝ . ΤΟ

ΜΕΙ . ΝΑΥΚΛΗΡΩΝ . ΑΝΑ

ΣΤΗΣΑΝΤΟΣ . ΤΟΝ . ΑΝ

ΔΡΙΑΝΤΑ . ΕΚ . ΤΩΝ . ΙΔΙΩΝ

ΤΙΤΟΥ . ΤΙΤΩΥ .

ΝΕΟΤΕΡΟΥ .

Les deux inscriptions suivantes ont été trouvées par M. Blondeau à Kustendjé. Elles sont extrêmement intéressantes en ce qu'elles permettent de croire que Tomi était habitée par une population très-mélangée et que des gens de tous les pays, Romains, Grecs, Phéniciens, Égyptiens, etc., s'y devaient trouver réunis. Nous voyons nommée sur la première la corporation des habitants d'Alexandrie; la seconde appartient à une femme de Sidon. Je dois la restitution de ces deux textes à l'extrême obligeance de M. Léon Renier, membre de l'Institut, qui a promis d'ailleurs une étude historique des documents recueillis par la mission ; je laisserai à son érudition, mieux autorisée que la mienne, le soin d'étudier à fond toutes les questions archéologiques qui s'y rattachent.

θ ΕΩ . ΜΕΓΑΛΩ . ΣΑΡΑΠ ιδι

και ΤΟΙΣ ΣΥΝΝΑΟΙΣ . ΘΕΟΙΣ και

τω αυτ ΟΚΡΑΤΟΡΙ . Τ . ΑΙΛΙΩ . ΑΔΡΙΑΝ ω

α ΝΤΟΝΕΙΝΩ . ΣΕΒΑΣΤΩ . ΕΥΣΕΒ

ΚΑΙ . Μ . ΑΥΡΗΛΙΩ . ΟΥΗΡΩ . ΚΑΙΣΑ

ΡΙ . ΚΑΡΠΙΩΝ . ΑΝΟΥΒΙΩΝΟΣ

ΤΩ . ΟΙΚΩ . ΤΩΝ . ΑΛΕΞΑΝΔΡΕ

ΩΝ . ΤΟΝ . ΒΩΜΟΝ . ΕΚ . ΤΩΝ . ΙΔΙ

ΩΝ . ΑΝΕΘΗΚΕΝ . ΕΤΟΥΣ ΚΓ̄

μηνὶ ΦΑΡΜΟΥΘΙ . Ᾱ . ΕΠΙ . ΙΕΡΕΩΝ

·: ΟΡΝΟΥΤΟΥ . ΤΟΥ . ΚΑΙ . ΣΑΡΑΠΙΩΝΟΣ

·: ΜΝΟΥ . ΤΟΥ . ΚΑΙ . ΛΟΝ :::

ΑΜΠΛΙΑΤΑ . ΓΕΝΝΑΙΔΟΣ .

ΣΕΙΔΩΝΙΑ΄ . ΤΟΝ . ΒΩΜΟΝ

ΚΑΤΕΣΚΕΥΑΣΕΝ . ΕΚ . ΤΩΝ

ΙΔΙΩΝ . ΑΥΤΗ . ΤΕ . ΚΑΙ . ΤΩ . ΑΝ

ΔΡΙ . ΑΥΤΗΣ . ΕΡΜΗΤΙ . ΣΩΚΡΑΤ ους·

ΚΑΙ . ΤΩ . ΥΙΩ . ΑΥΤΗΣ . ΕΡΜΑΦΙΛΩ .

ΕΡΜΕΩΣ . ΕΡΜΗΤΙ . ΜΕΝ . ΖΗΣΑΝ

ΤΙ . ΕΤΗ . ΞΓ [1] . ΚΑΙ . ΤΩ . ΥΙΩ . ΑΥΤΩΝ

ΕΡΜΑΦΙΛΩ . Ζ ησαν ΤΙ . ΕΤΗ . ΚΕ

ΑΥΤΗ . ΔΕ ἀμπλιατα ΖΗΣΑΣΑ

ΕΤΗ . ΟΖ . . . .

. . . .

. . . .

. . . .

. . . .

. . . .

. . . .

[1] ΞΓ = 63, ΚΕ = 25, ΟΖ = 73.

Les cultes religieux devaient être, à Tomi, aussi divers que les habitants, et les dieux de l'Italie, de la Grèce, de l'Égypte, y devaient avoir des autels. La première des deux inscriptions précédentes est celle d'un autel consacré au dieu Sérapis. Attis et la mère des dieux avaient aussi des adorateurs à Tomi; on verra plus loin un monument relatif au culte de la déesse; en voici un qui rappelle son amant :

ATTI
C.ANTONIVS
EVTYCHES.AR
CHI....PO...
PRO.SALVTESVA
POSVIT

Les trois inscriptions suivantes ont été recueillies par MM. Lalanne et.Michel : la première à Kustendjé, la seconde dans le cimetière de Tekir-Gueul, et la troisième dans celui d'Anadolkeuï :

DM
M.DOMITIO   M.ATIVS
CAPETOLINO   L.F.FIRMVS
)LEGXICL.P.F   MEMORIAM
DOMOCAPETO   SIBI.ET.COC
LIADAE.VIXIT   IVLIAE
ANNIS.XXXII   CONIVGI
FACTVS.).VI   SVAE.FECIT
XIT N.   LOCI.PRINCEPS

T.FLAVIOLONGIN...
Q.MARCIOTVRBON...
LEG.AVG.PR.P
TITIVS.CRISPV...
CORNICVL
EIVS

La première inscription est funéraire, la seconde l'est également; mais elle est intéressante par la dernière ligne, qui désigne peut-être le chef administratif du lieu; la troisième est celle d'un piédestal de statue et mentionne un personnage appartenant à une grande famille de l'empire.

La dernière inscription découverte par la mission a été mise au jour par les ouvriers terrassiers à Kustendjé même. Elle est dans un

état de conservation très-remarquable, et a été rapportée en France
par les soins de M. Blondeau.

MATRI DEVM

MAGNAE

PRO SALVTEADQV..

INCOLVMITATE

DD . NN . AVGG. ET. CAESS

AVR . FIRMINIANVS

V . P . DVX

LIMIT. PROV . SCYT.

BONIS AVSPICIIS

CONSECRAVIT.

Cette inscription, qui, suivant M. Léon Renier, est de l'époque de
Dioclétien et de Maximien, fait supposer toute l'importance militaire
que devait avoir la ville antique, siége probable du quartier général
du duc de la limite de Scythie. Aussi les Romains de cette époque ne
paraissent s'être guère occupés à Kustendjé que d'ouvrages de défense,
et peu de constructions artistiques; ils ont employé comme matériaux
pour leurs constructions militaires des fragments de sculpture qu'ils
eussent respectés s'ils eussent eu le moindre goût pour les arts. Tous
les beaux restes d'architecture que l'on trouve partout à Kustendjé
doivent appartenir à l'époque grecque de la colonie milésienne avant
la conquête de la Mœsie (par L. Pison, l'un des généraux d'Auguste),
ou plutôt encore aux deux premiers siècles de l'empire jusqu'au moment où tout dut être sacrifié au plus puissant intérêt, celui de la défense.

Mais un touchant souvenir nous rappelle au temps où, conquête ré-
cente des Romains, Tomis devint la prison de l'un de leurs plus
illustres poëtes. Il est impossible de parler de cette ville sans nommer
Ovide; aussi devons-nous presque nous excuser de n'avoir pas encore
invoqué le témoignage du poëte exilé pour fixer l'intéressante question de géographie ancienne dont nous venons de nous occuper.

Il semble en effet dès l'abord qu'Ovide doive fournir de précieux
documents à cette étude. Mais la pensée du poëte appartenait trop à sa
patrie, pour que ses yeux se détachassent de l'horizon qui lui cachait

Rome et la cour d'Auguste. Aussi, excepté dans l'élégie X du livre Ier
des *Tristes*, où il fournit quelques indications qui peuvent servir à fixer
la position de son exil, ne nous donne-t-il aucun détail précis sur le
lieu qu'il habite. Il ne voyait partout que les flèches des Gètes, des
Sarmates et des Scythes.

> Tecta rigent fixis veluti vallata sagittis
> Portaque vix firma submovet arma sera.
>
> (*Ex Ponto*, epist. II.)

Ovide nous a pourtant laissé une relation d'autant plus intéressante
de son voyage d'exil, que ces sortes d'impressions de voyage sont
rares dans l'antiquité; les anciens sont généralement peu sensibles
aux beautés pittoresques de la nature, qui pour eux s'effacent
devant l'homme même ; Ovide ne nous parle des lieux qu'il habite
que pour mieux peindre l'état douloureux de son cœur. Il ne donne
de fort curieux détails sur les armes, sur la manière de combattre des
barbares, que pour montrer toute la légitimité de la terreur qu'ils lui
causent. « Les flots mêmes du Danube *aux sept bouches* ne le protégent
pas; car, dès que vient l'hiver, les marais de la Scythie forment une
mer de glace que les cavaliers barbares couvrent de sang. »

> Tum quoque cum pax est, trepident formidine belli :
> Nec quisquam presso vomere sulcat humum.
> Aut videt, aut metuit locus hic, quem non videt, hostem.
> Cessat iners rigido terra relicta situ.

Comment le poëte pouvait-il sentir la majestueuse beauté des
steppes, la poésie du désert? Comme lui nous pouvons dire ce qui
est vrai encore aujourd'hui :

> Adspiceres nudos, sine fronde, sine arbore, campos.

Mais nous n'ajouterions pas avec lui ce vers qu'il eût écrit partout
ailleurs même :

> Heu ! loca infelici non adeunda viro !

« Dans l'immense étendue de l'univers, dit-il, comment n'existe-t-il pour moi que ce coin de terre où je souffre tant, *loin du ciel de l'Italie, loin de mes amis et de mes lecteurs !*»

> An mea Sauromatæ scripta Getæque legent?

Il faut au poëte une maison bien close, une nourriture convenable à un malade, un médecin qui vienne soulager ses souffrances et la douce causerie d'un ami pour charmer ses loisirs. Tout cela lui manque.

> Et subit adfecto nunc mihi quidquid abest.

Encore s'il recevait souvent des nouvelles de ceux qu'il aime ! mais rarement, dit-il, un navire italien vient toucher cette terre maudite. C'est avec une sorte d'étonnement mêlé d'indignation qu'il s'écrie :

> Hic quoque sunt igitur Graiæ (quis crederet?) urbes,
> Inter inhumana nomina barbariæ.

Mais quels souvenirs s'attachent à ces noms grecs eux-mêmes ! Il a fallu l'ordre d'un oracle pour forcer les Milésiens à venir fonder des colonies sur cette rive, que Médée a arrosée du sang de son frère, dont les flots roulent encore sur la grève les membres pâles et la tête sanglante.

> Inde Tomis dictus locus hic; quia fertur in illo
> Membra soror fratris consecuisse sui.
> (*Trist.*, l. III, el. ix.)

La plus grande obscurité règne sur l'histoire de Tomis durant le Bas-Empire. Cette ville n'avait pas pourtant perdu toute importance; car on lit dans l'histoire ecclésiastique de Sozomène (liv. VI, c. xxi), qui vivait sous Théodose, que de son temps la Scythie renfermait beaucoup de villes, de bourgs et de châteaux, et que la métropole en était Tomi[1], ville grande et riche, située au bord de la mer et où

---

[1] Nous ne devons pas être étonnés de voir subsister à cette époque et même du temps de Procope le nom de Tomis que *Meletius* dit avoir été remplacé par celui de Constantia, depuis Constantin. Bien des villes ont aussi porté deux noms, le souvenir du plus ancien ne s'effaçant pas des traditions populaires.

il y avait deux basiliques. Nous avons vu à Kustendjé un grand bénitier
sculpté en forme de conque, qui paraît avoir appartenu à l'une de ces
basiliques dont le souvenir est resté dans la tradition du pays, et dont
on montre même la place. Sozomène dit encore que Térentius, évêque
de Tomis, assistait au deuxième concile œcuménique en 525.

Que devint Tomis ou Constantia à la fin du Bas-Empire ou dans les
temps qui suivirent la conquête ottomane? Le voile le plus épais est
jeté sur toute cette partie de son histoire. Les Génois durent avoir à
Kustendjé des comptoirs importants. Peut-être y avaient-ils même
fondé une colonie. On peut leur attribuer une partie des restes du
port antique; et, dans le souvenir des indigènes, c'est toujours à eux
que revient l'honneur de tous les grands travaux subsistant encore.
Il en est d'ailleurs de même sur toute la côte de la mer Noire. Les
Turcs, dans les temps modernes, firent de Kustendjé une place forte.
C'était en effet un point très-facile à défendre. L'isthme, large de deux
cent cinquante mètres, était fermé par une enceinte bastionnée; quatre redoutes à des distances variables de trois cents à cinq cents mètres formaient une ligne qui suivait à peu près l'enceinte antique et
en défendait les approches. La place fut bombardée par les Russes en
1812; elle se rendit sur une simple sommation en 1829. Depuis cette
époque elle est démantelée. Vu le peu de développement du front, dit
M. Blondeau, il serait très-facile de la remettre en état de défense.
Toute cette partie de la Turquie est d'ailleurs peu fortifiée. La vieille
forteresse de Kara-Herman, l'ancien *Istrus*, n'est plus qu'une mauvaise
petite redoute en terre qui n'est plus entretenue depuis longtemps.

IV

De grands foins à la couleur dorée couvraient, lors de notre première excursion (12 juillet), le terrain légèrement ondulé qui sépare les rives de la mer Noire de celles du Danube. La chaleur était accablante, et rien ne venait dans le paysage reposer l'œil fatigué par une éblouissante lumière. Les *tumuli*, dont quelques-uns étaient surmontés de signaux géodésiques, placés par des officiers autrichiens, perçaient seuls çà et là l'horizon. Le silence n'était troublé que par le chant plaintif de l'alouette, le cri de rappel de la perdrix et le claquement du bec de la cigogne, dont on voyait souvent apparaître au-dessus des grandes herbes la tête grave et vénérée; de temps en temps un oiseau s'élevait, un aigle ou un épervier fondait comme une flèche sur la terre, et les mouvements précipités des épis et des foins indiquaient la frayeur de la partie la plus faible de la population des steppes. L'impression que fait à l'âme la première vue de ces plaines désertes rappelle au voyageur le spectacle des vastes solitudes de l'Océan; mais le bruit de la manœuvre, le mouvement du pont, sont en mer de continuelles sources de distraction; rien n'anime

VUE DES FOSSÉS DE TRAJAN AU POINT DE LEUR ENTRE-CROISEMENT, APRÈS L'INCENDIE DES STEPPES.

la majestueuse monotonie des steppes que les cris des animaux sauvages et le lointain gémissement du vent.

Les steppes ont dû produire autrefois beaucoup de céréales, car on
voit partout les traces d'anciennes cultures dont les produits se ressè-
ment sur place tous les ans. La Dobroutcha n'est donc actuellement
qu'une immense prairie de soixante kilomètres de largeur sur plus de
cent vingt de longueur; les habitants ne fauchent que ce dont ils ont
besoin pour la consommation des bestiaux ; le reste des foins se
dessèche sur place, et vers le commencement d'août commencent à
éclater d'immenses incendies, qui ne s'arrêtent que faute d'aliment.
Un mois après notre arrivée dans la Dobroutcha, un soir que nous
campions à Kara-keuï, petit village tatar de l'intérieur, tout l'horizon
du côté de l'orient s'illumina, et une fumée épaisse et noire s'é-
leva des rives enflammées du lac Kara-Sou. Rien ne saurait donner
l'idée de ces incendies, que la foudre, une étincelle de tchibouk, un
feu de bivac, allument un jour, et qui durent des mois en s'é-
tendant sur plus de quarante lieues carrées. Nous avons vu ainsi
le feu allumé au commencement du mois d'août sur les rives du
Danube, arriver un mois après sur les falaises de Kustendjé, brûlant
tout sur son chemin. L'intendance française perdit un jour ainsi
trois cents meules de foin préparées dans les steppes. L'aspect
du pays change presque complétement après l'incendie : le feu décou-
vre alors les pierres tumulaires, les ruines au niveau du sol, les squelettes d'animaux, dont la terre est couverte en certains endroits, et
trace mille chemins fantastiques selon que le vent a poussé la flamme
dans telle ou telle direction. Mais la végétation ne tarde pas à se ré-
veiller, et le tapis qui couvre la terre passe par toutes les nuances
possibles, depuis le noir le plus foncé jusqu'au vert le plus tendre.

On voit souvent au milieu des steppes des empreintes de pas et
de roues se croiser dans tous les sens. Chacun à sa guise y trace
sa voie; c'est là une difficulté de tous les instants pour le voyageur
qui, trop confiant dans le souvenir d'une première excursion, croit
pouvoir se passer de guide dans une direction qu'il a déjà suivie.
Plusieurs d'entre nous s'égarèrent ainsi entre Rassova et Kustendjé.
Les relations entre les petits centres de population sont presque nulles.
Aussi n'y a-t-il point de véritables routes qui traversent le pays; l'ab-

sence ou l'irrégularité des voies de communication dans l'intérieur de la Turquie rappelèrent à notre armée les difficultés sans nombre dont se hérissait à chaque pas pour elle le sol de l'Algérie. Le sultan Mahmoud lui-même, lorsqu'il se rendit sur les rives du Danube, dut se diriger à travers champs, de Constantinople à Silistrie, et la trace de son passage serait complétement perdue si la tradition et quelques pierres commémoratives éparses et en partie renversées n'en conservaient un semblant de souvenir. Il est facile de s'imaginer quelles conséquences déplorables entraine pour la Turquie un pareil état de choses et toute l'urgence qu'il y a pour elle de le faire cesser. L'ancien chemin de Rassova ou du haut Danube n'était qu'une trace d'*arabas* au moment de notre arrivée.

Le village turc d'Hassandchia, sur lequel se dirige la route française en quittant Kustendjé, fut le premier lieu habité que nous rencontrâmes dans les steppes. Placé à quatorze kilomètres environ de la mer, ce village n'est formé que de quelques misérables cabanes en bois recouvertes de roseaux. Quelques-unes même sont en partie creusées dans la terre. Nous étions bien heureux de trouver là un peu de fraîcheur, quand la chaleur du milieu du jour était insupportable; il nous est arrivé de voir les margelles des puits et le sol qui les entoure complétement couverts d'oiseaux de toute espèce, haletants, mourants de soif; ces animaux se laissaient presque écraser sous les pieds des chevaux et des bœufs pour se disputer les quelques gouttes d'eau qui s'échappaient des abreuvoirs. Les nuits de la Dobroutcha sont par compensation extrêmement fraîches et humides; la rosée est tellement abondante le matin, qu'on serait tenté de croire qu'il a plu durant la nuit.

Nous fûmes reçus à Hassandchia par un vieux Turc qui nous offrit l'hospitalité dans son *bordeitz*[1], et nous apporta du lait, des œufs et des *carpous* (pastèques) pendant que nos soldats préparaient notre modeste déjeuner. Nous allâmes chercher notre dîner dans les trous d'un vieux mur que nous cachait complétement une forêt de grandes angéliques et de chardons. Nous fûmes attirés vers ce lieu par le bruit incroyable que faisaient une nuée de merles roses qui l'avaient

---

[1] Hutte souterraine.

choisi pour demeure: En moins d'une demi-heure nous eûmes pris
à la main quatre-vingts ou cent merles, dont notre excellent cuisinier
Tott sut nous faire, le soir, au village de Mourfatlar, le plus déli-
cieux *pilaf* du monde. Il nous arrivait souvent ainsi de demander à
notre adresse le menu de nos repas. Nous ne voyagions jamais
sans notre fusil, et nous faisions halte au milieu de nos excursions pour saluer au passage les compagnies de perdreaux et les lièvres que nous rencontrions. Le gibier est extrèmement abondant dans
les steppes, et la prodigieuse quantité de lièvres, de perdrix, de
grandes et petites outardes qu'on y rencontre, fournit une proie facile aux loups, aux renards, aux aigles et aux oiseaux carnassiers de
toute espèce, que ne dérange jamais le chasseur. C'est surtout dans les
fossés de Trajan qu'on trouve le plus de gibier; il vient y chercher
sous les broussailles un peu d'ombre et de fraîcheur.

A six kilomètres d'Hassandchia, nous trouvâmes le petit village
tatar d'Omourdcha, que le tracé de la route laisse un peu sur la gauche, puis les ruines du vieux Mourfatlar (à vingt et un kilomètres), et
enfin Kara-Keuï (village noir), que la route française traverse, laissant
le nouveau Mourfatlar à trois kilomètres sur la gauche. C'était par
ce dernier point que passait le chemin de Rassova le plus fréquenté
du pays. Quand nous vînmes à Mourfatlar pour la première fois
(12 juillet 1855), le jour était sur son déclin; autour de pauvres
huttes, dont chacune portait un nid de cigogne, des bœufs et des
chevaux paissaient en liberté ou se rapprochaient des puits, autour
desquels la population tatare se réunit encore le soir, comme aux
temps bibliques, pour abreuver ses troupeaux.

Les Tatars sont essentiellement pasteurs et nomades. Ils paraissent pourtant s'être fixés sur quelques points de la Dobroutcha, car
on y compte neuf villages tatars sous la juridiction d'un kan, résidant
à Alacapo. Tous ces villages sont formés de huttes ou de petites maisons hautes de deux ou trois mètres, et construites en clayonnage
recouvert de bouse de vache. Les toitures sont généralement en roseaux ou en terre, rarement en tuiles creuses, que l'on ne trouve
guère qu'à Toultcha. Les ruines grecques, romaines ou génoises, ont
fourni presque seules des pierres aux constructions dans lesquelles
on en remarque. Le sol de ces villages est couvert des excréments des

bestiaux, qu'on laisse s'accumuler jusqu'à ce que leur épaisseur et leur densité permettent de les découper en briques carrées qu'on fait sécher au soleil. Ces briques servent ensuite de matériaux de construction et de matières combustibles. On ne trouve à brûler que des chardons dans les steppes. Les familles tatares s'éloignent souvent de leurs villages, et quelquefois pendant longtemps, pour aller chercher ailleurs des moyens d'existence qu'elles ne savent pas tirer de leurs steppes. C'est ce qui a pu faire considérer ces populations comme nomades. Mais les mêmes familles reviennent ordinairement au bout d'un temps plus ou moins long dans leurs villages. Les habitations sont ordinairement entourées de champs de melons et de pastèques, de millet et de maïs, dont les indigènes se nourr issent presque exclusivement.

Les Tatars ne sont pourtant pas agriculteurs; ils le sont bien moins que les Bulgares, que l'intendance française put à peine employer comme terrassiers et comme faneurs; mais les *arabas* bulgares et tatars nous rendirent de très-grands services. Ce sont des voitures à claire-voie, dans la construction desquelles n'entre pas un morceau de fer; tout est chevillé en bois. Ces véhicules sont traînés par des bœufs, quelquefois par des buffles. Au moment de son arrivée dans la Dobroutcha, le 1ᵉʳ juin 1855, M. Blondeau ne put pas trouver plus de cinquante arabas attelés dans tout le district de Kustendjé; il y en avait environ mille le 1ᵉʳ janvier 1856. Le chiffre normal devait être d'au moins deux mille avant l'invasion. Les Tatars ont, comme tous les peuples de la famille mogole, des instincts belliqueux, le génie de la destruction; ils n'ont point de littérature, d'histoire, point de culture des arts, au moins rien qui mérite ce nom, et les Turcs ne cessent pas de les accuser de brigandages. Mais nous n'eûmes jamais à nous plaindre d'eux, quoique nous eussions l'habitude de traverser la Dobroutcha sans escorte. Les bachi-bouzouks (*têtes folles, sans frein*) semblent y avoir seuls le monopole du brigandage et du crime. Ce sont des troupes volontaires, sans solde, qui doivent en temps de guerre se payer sur l'ennemi, et qui en temps de paix pillent pour vivre les malheureux habitants du pays qu'ils infestent.

Les Tatars paraissent être plus expansifs, plus passionnés que les Turcs. Ils me témoignaient leur reconnaissance, pour les petits services médicaux que je leur rendais, en termes plus expressifs. Mais ils semblent être d'une grande indifférence religieuse, quoiqu'ils professent l'islamisme comme les Turcs. Nous n'avons vu ni mosquées ni prêtres dans les villages tatars. Leur grande misère en serait-elle la cause? Nous fûmes toujours pour les Tatars un objet de curiosité générale : il me semble voir encore toutes ces niaises figures mogoles, rangées en cercle autour de nous, au moment de nos repas dans les steppes ; aucun de nos mouvements ne pouvait échapper à leur attention naïve.

Les Tatars de Kara-Keuï semblèrent d'abord se méfier de nous; mais, quand ils nous eurent vus plus souvent, et que surtout ils eurent examiné nos armes, ils nous reçurent très-cordialement; ils nous apportaient sans difficulté des poules, des œufs et du lait. La population féminine resta toujours plus sauvage; elle s'enfuyait à toutes jambes quand nous nous approchions. La première fois que nous vînmes à Kara-Keuï, nous nous dirigeâmes d'abord vers le puits. Toutes les femmes qui étaient occupées à puiser de l'eau s'enfuirent à notre aspect. Mais l'une d'elles, une négresse moins timide que les autres, eut le temps d'enlever et la corde et le seau. Nous mourions de soif, et nous nous promîmes bien de ne jamais voyager à l'avenir sans un *talabalic* (attirail de voyage) complet. On ne trouve pas dans les steppes à remplacer un ustensile oublié ou perdu.

J'ai toujours eu d'ailleurs une grande affection pour les Tatars de Kara-Keuï Ils me reconnaissaient partout où ils me rencontraient, et c'était toujours pour l'*Hakim-bachi* force *salamaleks* et serrements de main. L'un d'eux poussa même un jour la confiance jusqu'à m'introduire dans son harem, me demandant une consultation pour une jeune femme chlorotique, que je supposai être la sienne. La malade ne me montra son visage que par parties. Pendant que j'examinais un de ses yeux, elle me cachait l'autre, et, tout en me montrant sa langue, elle couvrait son nez. Je fus frappé de la propreté et de l'ordre qui régnaient dans l'ameublement de cet appartement tatar. Il n'avait rien de misérable, et je ne fus pas peu étonné d'y voir un lit à l'européenne et un rayon de livres. J'avais la pensée d'examiner ces derniers, lorsque quelques détails médicaux que je demandai à la plus vieille des femmes amenèrent une espèce de petite discussion entre nous, et, tout en expliquant la convenance de ma demande au moyen des fleurs de rhétorique turque de notre *terdjiman-bachi* (interprète en chef), M. Katzaki, je perdis de vue la bibliothèque tatare.

Un plateau élevé, que traverse la route, s'étend sur une longueur de plus de seize kilomètres, entre Kara-Keuï et la vallée d'Ivrenetz. Un puits creusé au milieu du plateau, à une grande profondeur, nous a montré une couche de terre propre à la végétation, d'une épaisseur de près de trente mètres. La profondeur de ce puits a exigé, selon la coutume du pays, l'établissement d'un engin permanent, consistant en une sorte de bobine verticale et mobile, autour de laquelle s'enroule une corde. Pour puiser de l'eau, le voyageur est obligé d'atteler son cheval à cette machine en plein vent. Les puits moins profonds ne sont munis dans les steppes que d'une poutre oscillant sur un pivot comme dans nos villages de Champagne. Une grosse pierre attachée à l'une des extrémités fait contre-poids; à l'autre extrémité est suspendu un seau au bout d'une longue tige sarmenteuse. Un tronc d'arbre creusé pour recevoir l'eau et qui sert d'abreuvoir pour les bestiaux complète toute l'installation. Les puits sont généralement nombreux dans chaque village; mais l'eau n'en est pas toujours également bonne. A Kara-Keuï, où il y en a sept, un seul fournit de l'eau buvable, et encore est-elle souvent troublée par l'agitation des seaux. L'eau en est excellente, tandis que, à quelques mètres de là, les autres puits ne fournissent qu'une eau saumâtre détestable. On rencontre souvent dans les steppes et sur les emplacements des villages ruinés bon nombre de puits isolés, que le défaut de margelle pourrait rendre dangereux pour les marches de nuit. La profondeur de ces puits est très-variable, et dépend, comme partout, de la hauteur des lieux et du niveau des nappes d'eau qui les alimentent.

Les steppes conservent sur les plateaux leur caractère de monotone grandeur. Quelques échappées de vue du lac Kara-Sou montrent de temps en temps des nuées d'oiseaux aquatiques qui jettent leurs reflets blancs sur les eaux noires du lac[1]. Les steppes proprement

---

[1] *Kara-Sou* en turc, et *Tchernaïa-Voda* en slave, signifient *eaux noires.*

dites cessent avec les plateaux, séparés de Rassova par les deux profondes vallées d'Ivrenetz ou d'Iéni-Keuï et de Kara-Manché, que traverse la route.

Il ne me reste plus, pour achever la description des steppes, qu'à
parler du triple retranchement antique nommé improprement mur de
Trajan, que de nombreuses explorations nous ont permis d'étudier
dans toutes ses parties; je ne le décrirai pourtant ici que d'une manière
rapide, laissant à mes anciens compagnons de voyage le soin d'en
faire eux-mêmes la description technique et complète.

Les retranchements[1], dits de Trajan, sont au nombre de trois : le
grand fossé, le *fossé de pierres* et le *petit fossé*. Ils traversent la Dobroutcha dans sa partie la plus étroite. Ils se croisent à quatre kilomètres de Kustendjé pour se séparer ensuite et se diriger à peu près
parallèlement vers le Danube sans s'écarter entre eux de plus de dix
kilomètres. Leur tracé est très-irrégulier : tantôt il contourne les ravins, et tantôt il les traverse hardiment. Le plus grand retranchement, formé d'un épaulement en terre, précédé d'un fossé large et
profond, mesure en certains points dix mètres d'élévation, du fond du
fossé au sommet de l'épaulement. Le profil de l'ouvrage est encore
très-bien conservé. On observe de loin en loin des interruptions aux
points où les chemins franchissent le fossé. Le grand fossé est le seul
dont le système soit complet, et auquel soit accolée une série de
camps retranchés en terre. Le premier de ces camps, adossé au sud
du fossé et à son origine même sur la falaise danubienne, a deux
cents mètres de largeur et quatre cents de longueur. A quatre
kilomètres du Danube, le grand fossé donne naissance au petit fossé
et se sépare de celui-ci pour tracer une courbe vers le nord; nous
avons vu, à partir de cette bifurcation le long du grand fossé, cinq
ou six camps plus petits, de cent mètres carrés, de formes très-régu-
lières et distants entre eux de mille pas environ. Ils sont entourés
de fossés distincts du grand fossé lui-même. La terre réglée à l'intérieur s'élève à environ un mètre et demi du sol. L'ensemble du
fossé et du parapet est de huit à dix mètres de largeur. Ces camps

<hr>

[1] *Voy.* la carte topographique de l'isthme de Dobroutcha, publiée par le minis-
tère des travaux publics en 1857.

sont toujours accompagnés de petites redoutes, de trente mètres sur soixante. Le grand fossé longe le lac Kara-Sou, dont il ne s'écarte jamais beaucoup. Il suit tous les accidents de terrain, et descend enfin, aux environs de Bourlac, dans la vallée submersible des lacs, qu'il traverse et où il présente un nombre très-considérable d'interruptions, probablement destinées à laisser un libre passage aux eaux. Il regagne bientôt la ligne des plateaux, et ne la quitte plus jusqu'à la mer, où il se termine à deux kilomètres au sud de Kustendjé. C'est sur ce plateau seulement que nous retrouvâmes une nouvelle série de sept camps retranchés, d'une longueur de quatre cents mètres sur une largeur de deux cents, et à deux kilomètres de distance les uns des autres. Il est à remarquer que ces camps carrés ne s'observent que sur les plateaux, et qu'on ne les retrouve plus dans les vallées et partout où le terrain est très-accidenté.

Le second fossé a été nommé *fossé de pierres,* à cause des débris de maçonnerie et des restes de pierres de taille qui sont encore visibles sur tout son parcours. La construction de ce mur paraît avoir été interrompue dès l'origine des travaux. Près de Kustendjé, on voit encore des fondations et des assises en pierres de taille. Nulle part ce mur, dont l'épaisseur était de deux mètres, ne dépasse le niveau des herbes. On peut suivre partout la continuité de l'ouvrage sur toute l'étendue du retranchement. Ce fossé commence sur le Danube, à quatre ou cinq kilomètres du grand fossé, et vient à travers de nombreux ravins gagner les bords du lac Kara-Sou, et plonger même dans l'un de ses golfes. Le fossé de pierres rencontre sur les bords du lac le grand fossé, et lui reste parallèle, mais toujours externe, jusqu'aux environs des ruines de Bourlac, où il croise le grand fossé pour continuer à suivre la vallée des lacs jusqu'aux environs d'Hassandchia. On le voit en ce point remonter sur le plateau, s'infléchir vers le nord pour revenir suivre le grand fossé et se terminer à la mer au même point que lui, laissant encore Kustendjé en dehors des lignes défensives. Deux camps retranchés munis de parapets, sur lesquels on remarque des débris de maçonneries, viennent s'appuyer contre le fossé de pierres. L'un est flanqué de petites enceintes en terre, en forme de tours, distantes de quarante mètres les unes des autres et que le fossé contourne; l'autre est placé sur le bord même de la falaise.

Nous n'avons vu aucun autre camp retranché rectangulaire sur tout
le parcours de ce fossé. Un camp circulaire est placé dans l'angle
d'union des deux fossés, sur les rives du lac. A sept ou huit kilomètres de ce point, un autre camp circulaire, qui paraît avoir eu un cou-
ronnement en pierre, devait commander un gué de Kara-Sou. Deux
autres camps circulaires sont placés sur les deux contre-forts qui res-
serrent la vallée des lacs en face d'Alacapo, et paraissent avoir des
rapports d'origine avec le fossé de pierres, si l'on en juge par les
fragments de maçonnerie qui sont semés sur la crête de leurs fossés.

Le troisième fossé ou *petit fossé* naît, comme je l'ai déjà dit, du
grand fossé sur le plateau d'Ieni-Keuï, à quatre kilomètres du Danube. C'est le seul qui suive constamment la ligne des plateaux,
qu'il ne quitte qu'un instant pour traverser une vallée secondaire.
Il est du reste très-peu profond et souvent difficile à distinguer sous
les foins. Après s'être éloigné de près de sept kilomètres des deux
autres, il vient les croiser à deux kilomètres et demi de la mer et à
quatre kilomètres de Kustendjé, pour se terminer ensuite à l'enceinte de cette ville, par une ligne de *tumuli* et par le chemin couvert dont j'ai déjà parlé. Une remarque importante à faire dans l'é-
tude du petit fossé, c'est que l'épaulement est toujours placé au
nord du fossé, qui semblerait avoir été destiné à arrêter des ennemis
venant du midi. M. Blondeau, ancien officier du génie, très-compétent
en pareille matière, rattache ce fossé au système du fossé de pierres,
et le croit en effet destiné à couvrir ce dernier contre une attaque possible d'ennemis, qui auraient remonté le Danube pour venir prendre
par derrière les défenseurs du retranchement. Le grand fossé forme-
rait, avec ses camps retranchés, un système défensif antérieur à celui
du fossé de pierres. Seul il aurait été achevé; le fossé de pierres, le
petit fossé et les camps circulaires auraient formé un système défensif un peu postérieur au premier, mais que les barbares, comme
nous allons le voir bientôt, n'ont pas donné le temps de terminer.
On pourrait jusqu'à un certain point comparer le mur de Trajan au
grand retranchement romain que l'on voit encore au nord de l'Angleterre, entre la Tyne et la Solway, et dont il existe une excellente
description anglaise (*The Roman wall*, by Rev. John Collingwood
Bruce. London, 1841, in-8°). Au premier abord, de très-grandes analo-

gies de construction semblent exister entre ces deux ouvrages militaires. On trouve dans le retranchement anglais le *vallum* (grand fossé),
le *murus* (fossé de pierres) et un petit fossé à épaulement intérieur,
semblable au petit fossé du triple retranchement de Trajan, que l'on
pourrait alors considérer comme un immense camp retranché, dont
la mer Noire et le Danube auraient formé les côtés. Mais la similitude
est loin d'être complète; car il faudrait alors admettre que les trois
fossés de la Dobroutcha appartiennent au même système défensif et
ont été creusés en même temps; or le fossé de pierres et le grand
fossé ne conservent pas dans toute leur étendue les mêmes rapports et le même profil. Nous avons vu qu'à l'extrémité des lacs
Kara-Sou le fossé de pierres, qui de ce point à Kustendjé est interne,
devient externe au grand fossé jusqu'au Danube. Ce croisement est
très-difficile à expliquer en admettant la simultanéité des tracés, et
se conçoit bien, au contraire, par l'établissement successif de deux
systèmes défensifs, indépendants probablement l'un de l'autre, mais
de dates très-rapprochées d'ailleurs. Ammien Marcellin, le seul de
tous les historiens anciens qui nous parle de ce travail, ne donne
aucun détail sur la construction même de ce triple retranchement, et
laisse libre d'admettre l'une ou l'autre des deux opinions dont j'ai
parlé. La description qui précède suffit pour démontrer que ces fossés
n'ont aucun des caractères d'un rempart définitif, ou du moins que
le temps a manqué pour en faire une véritable muraille; leur existence eût été d'ailleurs difficile à expliquer, sur une ligne qui n'a
jamais été la limite de l'empire, sans une circonstance historique
particulière, que va nous faire connaître le récit suivant d'Ammien
Marcellin.

A la fin de l'été de l'année 376, les Visigoths de Fritigern, que
l'imprudence de l'empereur Valens avait laissés pénétrer au cœur de
l'empire, venaient de battre les Romains sous les murs de Martiana-
polis (actuellement *Pravadi*); les barbares n'avaient pas pu prendre
cette ville, et s'étaient retirés au milieu des steppes qui bordent la
plus méridionale des bouches du Danube; le nom de *ad salices*,
dont l'itinéraire d'Antonin (p. 227, édit. de Wesseling) marque la position à soixante milles au nord de Tomi, indique la nature marécageuse des terrains qu'ils occupaient. Ce devait être au nord et aux

environs de Kara-Herman. Les Romains, sous la conduite des lieute-
nants de Valens, Trajan et Profuturus, vinrent attaquer les barbares.
Après toute une journée de carnage, les deux armées se séparèrent
sans résultat décisif. Les barbares étaient arrêtés dans leur marche;
mais le comte Trajan, ne se sentant pas en forces suffisantes pour les
attaquer de nouveau, les enferma sur une langue de terre étroite, entre
le Danube et la mer, pour les affamer : « *Ideoque* (dit Ammien Marcellin,
« l. XXXI, cap. viii), *opportunitatem milites nacti, immensas alias bar-*
« *barorum catervas inter hæmimontanas angustias clauserunt aggerum*
« *objectu celsorum, hac spe nimirum, ut inter Histrum et solitudines*
« *perniciosa multitudo hostium compacta nullosque reperiens exitus*
« *periret inedia cunctis utilibus ad vivendum in civitates validas com-*
« *portatis; quarum nullam etiam tum circumsedere conati sunt, hæc et*
« *similia machinari penitus ignorantes.* » Ce texte ne semble laisser
aucun doute sur l'origine des fossés dont il est ici question. Ces mots
hæmimontanas angustias, qui pourraient jeter quelque incertitude si
on les appliquait aux défilés de la grande chaîne du Balkan, peuvent
aussi bien s'entendre des vallées étroites qui séparent les plateaux
de la Dobroutcha. Ces plateaux, par leurs formes et leur constitution
géologique, doivent être considérés comme faisant partie d'un petit
chaînon secondaire des Balkans. Il serait du reste facile de démontrer
au point de vue militaire que ce système de défense n'était applicable
que dans la partie la plus étroite de l'isthme, et précisément à la place
des fossés de la Dobroutcha. Le développement de la grande chaîne
des Balkans est d'une telle étendue, qu'il eût été impossible d'en
fermer toutes les issues, et, d'ailleurs, on eût laissé à la merci des
barbares presque toute la Mœsie inférieure.

Le plan du comte Trajan semblait devoir être couronné d'un plein
succès; les postes militaires de l'armée byzantine s'avançaient et se
resserraient par les soins de Saturnin, maître général de la cavalerie,
quand les Goths, ayant épuisé toutes leurs ressources, appelèrent à leur
secours les Huns et les Alains. La nouvelle se répandit aussitôt qu'un
nouvel essaim de barbares venait de traverser le Danube, et qu'il
s'avançait au secours de Fritigern. Le général romain, craignant
d'être bloqué lui-même, fut forcé d'interrompre les travaux et d'a-
bandonner le siége du camp barbare. Les Goths purent alors rassasier

leur faim au milieu du pays fertile qui s'étend entre le Danube, le Rhodope et la mer, et qu'ils couvrirent de ruines et de sang.

Les retranchements, abandonnés pour toujours, n'eurent plus d'autre importance que celle d'un fait historique. Ils furent oubliés à ce point que leur origine put rester ignorée jusqu'à nous. Car Gibbon, parlant de la bataille de Salices et de la tentative du comte Trajan, paraît ne pas connaître l'existence de ces fossés. Procope, dont la nomenclature cite le moindre *castrum*, n'en dit pas un mot; mais son silence ne doit pas nous étonner : il n'avait point à s'occuper d'un monument historique sans importance militaire au moment où il écrivait. Il n'y a pas lieu de s'étonner non plus de ne rencontrer aucune trace de l'histoire de ces fossés dans les historiens de l'empereur Trajan, à qui sont attribués souvent à tort tous les travaux de défense dont les restes subsistent encore dans cette région de l'ancien empire romain. La première description qui ait paru du mur de Trajan, avant la nôtre, est celle d'Hommaire de Hell; elle est exacte, mais trop rapide, et telle que pouvait la tracer un voyageur qui ne faisait que passer. Hommaire de Hell commit aussi l'erreur d'attribuer à l'empereur Trajan cet ouvrage militaire[1].

[1] Outre les fossés de Trajan, on trouve dans la Dobroutcha quelques ruines romaines ou byzantines moins importantes. Les travaux de la route ont fait découvrir un mur destiné à barrer l'entrée de la vallée de *Kara-Manché*, dont la longueur est de 200 mètres. Il ne reste plus que les assises des fondations, recouvertes de 50 centimètres d'alluvion. On voit les redans des assises pénétrer dans la falaise jusqu'à une hauteur de 3 mètres environ; l'épaisseur de ce mur, construit en pierres de taille, était de 1^m,55. Il ne paraît pas probable que cette ruine ait jamais été un ouvrage militaire; elle semble plutôt appartenir à une ancienne digue destinée à préserver la vallée des hautes eaux du Danube, et peut-être à servir de voie de communication au moment des hautes eaux du fleuve. M. Michel m'a dit avoir trouvé, à deux lieues de Rassova, près du village d'*Adam-Kelissé* (en turc, *tombeau de l'homme*), un *tumulus* en pierre appelé *Cambett*. Il a pu y voir aussi l'enceinte d'une ville, avec quelques débris de murailles au-dessus du fossé. Un aqueduc amenait les eaux d'une source abondante : il est coupé maintenant, et les frises sculptées sont transformées en auges où les Tatars viennent abreuver leurs chevaux. Rien du reste dans le voisinage, ni inscriptions ni statues. Sur la colline qui domine la vaste plaine où était située la ville antique s'élève un monument très-curieux : c'est un *tumulus* formé d'un massif en maçonnerie cylindrique, autrefois garni d'un revêtement en pierre de taille. Une sorte de calotte sphérique le recouvre. Les pierres de ce revêtement ont été arrachées et transportées dans les cimetières voisins. Quelques bas-reliefs sont

restés au pied du monument; les types des personnages, leurs vêtements, ne permettent pas de méconnaître la main d'un sculpteur qui a connu les œuvres de Rome ; mais le dessin est d'une incorrection, d'une barbarie même qui doivent le faire rapporter à une époque de décadence complète. A la partie supérieure se trouve une ouverture de 0^m,80 de largeur, maçonnée en pierres de taille : c'est l'entrée d'une espèce de puits de 2 mètres de profondeur. Le nom turc d'*Adam-Kelissé* semble indiquer un monument funéraire (peut-être d'un chef goth), dans cette masse de béton qui a pu servir aussi de tour d'observation pour la ville antique.

V

RASSOVA, LES VALAQUES ET LES TZIGANES.

Dès qu'on descend dans les vallées qui courent vers le Danube, la nature prend un aspect tout nouveau. Il y a entre Kustendjé et Rassova toute la différence qui sépare l'Orient de l'Occident. Les ombres, en s'allongeant derrière les grands mouvements de terrain qui avoisinent le Danube, se fondent doucement avec la lumière dans une atmosphère légèrement vaporeuse. Les brillants contrastes, les effets imprévus de la lumière orientale, font place à la teinte mélancolique et harmonieuse de la nature du Nord. La vallée d'Ieni-Keuï, avec son grand lac qui baigne de vertes falaises, celle de Kara-Manché, avec les mille couleurs de la végétation d'automne, m'ont toujours fait rêver à l'Occident, qu'elles rappellent ou font pressentir.

Quand, en venant de Kustendjé, nous arrivâmes à l'extrémité de la vallée de Kara-Manché, nous fûmes saisis d'une muette admiration à la vue du Danube, qui déroula tout à coup ses longs replis devant nous. L'un de ses bras coule majestueusement sur près de six cents mètres[1] de largeur entre les îles marécageuses et boisées de la Vala-

[1] Le débit du fleuve a été évalué à 66,000 mètres cubes par seconde pour les eaux moyennes devant Rassova, où une sonde de 40 mètres n'a pu atteindre le

chie et les hautes falaises turques, auxquelles les ravinements ont donné les formes les plus bizarres et les plus pittoresques. Au-dessus de l'une d'elles et sur un coteau fortement incliné, le village de Rassova étale ses pauvres maisons clair-semées et ses huttes souterraines; de grands bateaux de forme antique stationnent ordinairement en ce point sur les rives du fleuve; de nombreux troupeaux de bœufs, de buffles et de chevaux paissent dans la prairie étroite que forme le Danube à l'époque de ses basses eaux; et le pêcheur valaque avec ses larges filets complète un de ces grandioses paysages dont J. Vernet rendait si bien la poésie.

J'ai dit que Rassova, petite ville autrefois fort animée, conserve encore les traces de l'œuvre de destruction des Russes et des bachi-bouzouks. Les habitants turcs ont presque entièrement disparu. La population valaque, qui subsiste presque seule, est à Rassova, comme partout, pleine de cette intelligence qui la caractérise à un si haut degré. Il faut qu'il y ait en elle une force de ressort bien remarquable, pour qu'elle ait pu résister à cette vie de crainte et de misère qui lui est départie depuis si longtemps.

Nous fûmes reçus à Rassova par le chef du village ou *tcherbadji (chef de la soupe, qui doit donner de la soupe)* : une famille reçut immédiatement l'ordre de nous céder son toit, mais nous logeâmes sous la tente durant les fortes chaleurs. Les habitations sont tellement pleines d'insectes rampants et ailés de toute espèce, qu'il est impossible de dire le supplice affreux qu'eurent à endurer ceux d'entre nous qui, pour fuir la fièvre, s'étaient couchés dans les maisons. Nous n'étions pourtant pas complétement à l'abri de nos ennemis sous nos tentes, et, de plus, nous risquions d'être enlevés avec celles-ci durant la nuit par les bœufs, les buffles et les chevaux, qui, depuis le coucher du soleil jusqu'à son lever, ne cessaient de se livrer à tous leurs ébats dans le village. Les loups venaient, la nuit, faire la chasse aux pourceaux jusque près de nous. Les innombrables chiens de Rassova entraient alors en fureur. Bestiaux et volatiles de toute espèce se liguaient contre l'ennemi commun, et rien ne peut donner l'idée du

fond à 150 mètres du bord. Près du rivage, les sondages ont donné le fond à 24 et 50 mètres. (Jules Michel, *Essai sur la navigation du Danube, Bulletin de la société vaudoise des sciences naturelles*, t. V, n° 39. Lausanne, 1856.)

sabbat infernal qui venait frapper nos oreilles. Il était impossible de dormir, mais au moins nous consolions-nous à la pensée du repas copieux qui le lendemain devait venir nous faire oublier l'insomnie de la nuit. Nous n'avions guère de viande que celle que nous fournissaient les morts et les mourants trouvés le matin sur le théâtre de ces grands combats. Les bons Valaques n'eussent jamais eu le cœur de tuer un bœuf ou une vache en état de pleine santé. Rassova était du reste le point où l'on trouvait le plus facilement à vivre. On pouvait y acheter du *rakiou* (eau-de-vie de grain) et du vin aigre et souvent corrompu. Mais le Danube fournissait une pêche toujours abondante; et le sterlet et la perche faisaient facilement oublier les tortues et les merles que nous étions heureux de trouver dans les steppes.

Nos rapports avec les habitants du village furent généralement faciles; et bien souvent, à la vue de leurs bonnes physionomies, de leurs costumes semblables à ceux de certains de nos paysans, et de leurs bourrées nationales, nous crûmes être au milieu de nos villages de France.

Dans les premiers jours, la population se tint d'abord un peu sur la réserve à notre égard; mais cette espèce de défiance fit place bientôt à la prévenance la plus empressée, surtout après le bal champêtre qui fut donné à l'occasion de la prise de Sébastopol, et dès que nos hôtes purent se convaincre que nous n'étions pas des païens, comme le leur laissaient croire leurs popes ou prêtres schismatiques. Quelque temps après notre arrivée, le village de Rassova fut visité par un évêque grec, et les employés valaques de la mission prirent l'initiative de rouvrir l'église depuis très-longtemps fermée. L'un d'eux fit sonner la cloche à toute volée, au lieu de frapper avec un marteau de bois comme cela se pratique en Turquie. Il est probable qu'après notre départ l'aga turc dut reprendre ses droits et faire refermer l'église. L'ignorance religieuse de cette population est très-grande. Les fêtes et les jeûnes continuels sont leurs seules pratiques pieuses. Les femmes ne peuvent entrer dans l'église qu'à dater du moment de leur mariage, et ne sont mises en rapport qu'à cette époque avec le *pope*, qui souvent lui-même est plus ignorant et plus grossier que ses paroissiens. Le soin de sa famille et les durs travaux auxquels il est soumis comme ouvrier ou comme marchand ne permettent pas au prêtre schismatique de s'occuper du culte. Nous avons vu pendant quelque temps deux popes au milieu des ouvriers terrassiers. Ils travaillaient au même prix que les autres (deux francs par jour).

Les habitants des immenses plaines marécageuses de la rive gauche du Danube sont d'un naturel paisible, doux et indolent, d'une mollesse et d'une faiblesse physique très-grandes. Ils portent tous en général sur leurs physionomies l'empreinte de la chlorose ou de l'anémie. Leurs instruments sont en rapport avec cette faiblesse habituelle, et ressemblent presque à des jouets d'enfant quand on les compare aux outils dont les ouvriers français se servent dans les mêmes circonstances. Durant la belle saison, les Valaques s'occupent surtout d'agriculture. Ils ont beaucoup de bestiaux, qu'ils laissent en liberté dans leurs villages. Tous les dimanches soirs et tous les jours de fête les jeunes filles et les jeunes gens se réunissent en cercle autour de deux ou trois musiciens tziganes, et se livrent à une danse que nous prîmes d'abord pour la bourrée de nos montagnes. Les paysans valaques ont conservé la pureté du type italien. Leurs femmes ont une figure douce et agréable, mais d'une expression moins mélancolique que celle des hommes. Leur peau est blanche et leur taille d'une grande souplesse, ce que M. Caillat (*Voyage médical dans les provinces danubiennes* [1]) attribue à l'habitude qu'elles ont de porter des poids sur la tête. Dès que les premiers froids se font sentir, les Valaques rentrent dans leurs *bordeitz* ou habitations souterraines. Aussi, le 10 novembre, après un violent orage qui emporta toutes les tentes du camp d'Ivrenetz, un grand nombre d'ouvriers de la mission quittèrent les chantiers, et ce fut avec peine qu'on put en retenir un petit nombre pour terminer quelques travaux inachevés. Les Valaques ne sortent guère plus de leurs *bordeitz* jusqu'aux premiers jours du printemps que pour les soins que réclament leurs bestiaux et pour aller dans leurs *kirchmar* ou cafés jouer et s'enivrer de rakiou. Les Valaques ne paraissent avoir de passion violente que pour le jeu. Il fallait de la part des surveillants une attention de tous les instants sur les ouvriers pour

[1] Paris 1854, *L'union médicale.*

les empêcher d'aller jouer derrière un buisson ou une butte de terre le peu qu'ils possédaient. Les femmes valaques, toujours plus laborieuses que les hommes, s'occupent de toutes choses dans leurs habitations, et surtout du tissage des étoffes grossières de toile ou de laine dont leurs familles sont vêtues.

Nous avons vu beaucoup de Bohémiens ou *Tziganes* au milieu des villages valaques des rives du Danube, comme sur tous les points de la Dobroutcha; aussi ne quitterai-je pas Rassova sans en dire quelques mots. Les Tziganes, en Moldo-Valachie, se divisent en trois classes : les *lingourari*, ou faiseurs de cuillers; ce sont surtout les ouvriers sédentaires, les agriculteurs; les *sloujitori*, servants (*slougit*, servir), ou esclaves appartenant aux boyards, qui les achètent et les vendent comme leurs propriétés personnelles; et enfin les *schotrari*, habitants des tentes ou nomades. On ne rencontre guère que ces derniers dans la Dobroutcha. Ils ont le monopole de l'industrie du fer. Eux seuls travaillent ce métal, réputé impur par les Valaques, depuis qu'il a percé les pieds et les mains de N. S. J. C. Les Tziganes ont une aptitude très-remarquable pour la musique et la danse. La flûte de Pan, la mandoline, le violon, sont leurs instruments. « On les appelle, dit M. Poissonnier (les *Esclaves tziganes*, Paris, 1855), dans toutes les réjouissances de famille; ils font oublier par leurs chants les souffrances de la patrie, et jettent souvent, par le souvenir des ballades antiques, l'espérance au cœur de ces Roumains si fiers de leur origine. » Les Valaques ne sont pas les seuls qui mettent à contribution le talent musical des Tziganes. Les Turcs ne sauraient s'en passer dans aucune de leurs fêtes, dans aucun de leurs divertissements. Nous eûmes recours nous-mêmes quelquefois à la musique tzigane pour charmer nos loisirs. J'ai déjà dit l'impression que nous fit à Varna cette musique. Les Tziganes sont d'une saleté repoussante, couverts de haillons et de vermine. Ils aiment à étaler au soleil leur nudité et leur misère. On les rencontre souvent dans les steppes, blottis sous leurs *carrousses* ou voitures, ou dans les trous de terre auxquels les Valaques donnent le nom pittoresque de nids de Tziganes. Ils se plient facilement aux exigences des peuples au milieu desquels ils viennent s'établir; aussi n'est-il pas étonnant de les rencontrer souvent chrétiens en Valachie et mahométans en Turquie; il a été jus-

qu'à présent impossible d'avoir des notions précises sur la religion
de ces familles nomades de Tziganes que l'on rencontre partout
M. Alfred Poissonnier ne dit que bien peu de chose à ce sujet : « Jamais la prière, disent les Valaques, n'a passé sur les lèvres des tziganes, et, leur église ayant été construite en *brenza* (fromage blanc),
les chiens l'ont mangée. » Les Tziganes, selon M. Poissonnier, pourraient encore bien avoir des liens de parenté et d'origine avec les
psylles de l'ancienne Libye. Les sectes nommées *Derkaoua* et *Aïssaoua*,
que l'on rencontre encore en Afrique, seraient-elles des débris de
cette nation de jongleurs et de sorciers? La première de ces sectes a
pour principe de refuser tout travail manuel comme une insulte à
la Divinité. « L'homme a été créé, dit le Derkaoua, pour vivre de
l'enfantement naturel de la terre. » La seconde secte se livre aux
enchantements, pratique des sortiléges. « Mais sont-ce bien, dit
encore M. Poissonnier, les débris des psylles de l'ancienne Libye,
ou ne seraient-elles pas l'une et l'autre des tribus errantes, démem-
brées des Tziganes de l'Hindoustan? » Il est certain que beaucoup de
Tziganes vivent dans l'état de paresse le plus complet; cependant en
général ils sont laborieux, et semblent avoir le monopole de la sor-
cellerie en Orient. La plupart d'entre eux n'ont pas, à proprement parler, de religion. Leurs poésies et leurs chants conservent pourtant le
souvenir d'une civilisation et d'une philosophie qui ne leur appartiennent plus, et dont peut-être quelques-uns d'entre eux, plus éclairés,
conservent mystérieusement la tradition. M. Blondeau a pu s'assurer
que la langue tzigane était un idiome hindou. Il a eu une peine extrême
à tirer des Tziganes quelques renseignements sur cette question. Ils
sont extrêmement circonspects, et ne veulent pas plus faire connaître
leur langue que leur religion, que leur origine. M. Blondeau a pu
néanmoins obtenir une série de mots assez complète pour pouvoir en
tirer sa conclusion.

VI

LES RIVES DU DANUBE ET LE LAC KARA-SOU. — LES RUSSES ET LES COSAQUES.

Durant mon séjour à Rassova, je fis de bien fréquentes excursions sur les rives du Danube et dans les gorges voisines. Je gravis souvent les hauteurs pour contempler le magnifique spectacle qu'offre aux yeux le Danube, qui de ses mille bras étreint les plaines de la Valachie. J'aimais à voir, du haut des falaises turques, le grand fleuve autrichien, mécontent de sa facile proie, venir user sans cesse le sol ottoman sans pouvoir l'envahir. J'affectionnais surtout un point, du haut duquel on voit plusieurs vallées converger vers une vallée plus profonde, qui vient s'ouvrir sur le Danube devant Rassova. Au loin, semblable à une mer enveloppant d'innombrables îles, le fleuve se resserre subitement pour diriger sa course contre le point de la rive turque que protége la levée française. Que deviendront, ou même que sont déjà devenus ces travaux? Le fleuve les a peut-être détruits à cette heure ou les détruira sans doute bientôt si une main conservatrice ne vient pas les protéger. Mais leurs traces resteront, comme pour attester aux populations futures de ces régions, qu'il n'est pas impossible de résister aux empiétements du fleuve, et que la France a donné l'exemple et a eu l'initiative de cette grande œuvre.

Les lacs sont nombreux sur les rives du Danube comme sur les bords de la mer Noire. Mais les falaises danubiennes ne semblent plus s'abaisser sous les eaux comme celles de la mer. Elles se brisent pour former des vallées profondes, dans lesquelles le fleuve se précipite et va remplir les lacs d'Oltina, de Merland, de Rassova, d'Ieni-Keuï, de Kara-Sou. Quand on remonte le Danube, à partir de Rassova, on trouve ses rives, comme celles des lacs qu'il forme, couvertes de belles forêts, de champs cultivés et de villages. De nombreux pêcheurs exploitent les eaux, et tout prend l'aspect d'une sorte de civilisation aux approches de Silistrie et de Routchouk. La nature au contraire est sauvage et triste au-dessous de Rassova. Les falaises usées par le fleuve le surplombent et souvent ne laissent aucun passage entre elles et les eaux. La population valaque ne dépasse pas le village de Simen, et toute la rive danubienne de la Dobroutcha est aride e déserte jusqu'aux environs de Toultcha. C'est à peine si entre Hirsova et Matchin quelques misérables villages cosaques s'aperçoivent çà et là.

Le Danube, en aval de Rassova, forme sur la rive turque les deux lacs d'Ieni-Keuï et de Kara-Sou; je ne dirai rien du premier, pour pouvoir m'arrêter plus longtemps sur les bord du lac de Kara-Sou, le plus grand et le plus important des lacs de la Dobroutcha. Nous partîmes de grand matin, le 22 septembre, pour en explorer les rives. Un sentier de seize kilomètres de longueur conduit par monts et vallées de Rassova à Tchernavoda, village valaque placé à l'extrémité de la vallée du lac[1]. Un petit pont jeté sur le déversoir de Kara-Sou, qui n'a en ce point qu'une dizaine de mètres de largeur, nous permit de traverser la vallée à pieds secs. Cette plaine de quatre kilomètres de largeur est submergee au moment des hautes eaux. Un barrage de pêcheurs est établi en ce point Les séchoirs de la pêcherie répandaient au loin une odeur infecte. Après avoir traversé le petit village de Tchernavoda, formé de quelques maisons de chétive apparence et pour la plupart en ruines, nous nous engageâmes au milieu des roseaux pour suivre les rives du

---

[1] Le chemin de fer qu'une compagnie anglaise exécute actuellement entre Tchernavoda et Kustendjé suit les rives du lac Kara-Sou.

déversoir, qui, par suite du retrait des eaux du Danube, avait une longueur de plus de huit kilomètres. Son courant, d'une rapidité faible, mais d'un assez fort volume, montre que des sources de fond alimentent le lac au moment des basses eaux du fleuve. Couverte de saules et de roseaux au milieu desquels de grandes marguerites s'élèvent jusqu'à près de deux mètres du sol, cette première vallée est fermée par une muraille calcaire que ses teintes ocreuses, noircies par le temps, faisaient ressembler à un monument historique ou à une grande ruine. Au sommet de la falaise, de grands aigles planaient aux alentours de leurs aires, dont de longues traînées blanchâtres sur les rochers trahissaient la présence.

Il était onze heures, et la chaleur des rayons solaires était extrême au fond de la vallée. Nous gravîmes de nouveau la falaise pour redescendre ensuite sur les rives du lac, qui fait en ce point un coude très-prononcé avant d'acquérir toute sa grande largeur (plus de quatre kilomètres). Sa rive ressemblait à une rive maritime; de petites vagues venaient battre une grève de galets blancs qui scintillaient au soleil. Un abri de roseaux et de nombreux débris d'écrevisses indiquaient que ce lieu solitaire devait recevoir de fréquentes visites humaines. La plage était couverte d'un grand nombre de petites coquilles, paludines, lymnées, natices et mytiles. Sous chaque pierre on trouvait une écrevisse. Nous longeâmes encore longtemps les rives du lac ou plutôt le fond du lac lui-même; car en bien des endroits nous pûmes apercevoir la trace des eaux beaucoup au-dessus de nos têtes. Un grand nombre de pierres étaient couvertes d'éponges d'eau douce desséchées, que nous avions prises dès l'abord pour des polypiers fossiles. Nous arrivâmes en un point où la rive s'élargit considérablement. Un troupeau de moutons y paissait, gardé par deux pâtres, vêtus de manteaux de peau comme des Bulgares. Ces deux hommes, aussi sauvages que leur pays, faisaient un ravissant effet au milieu de ce solitaire et splendide paysage. Leur type, d'une très-grande pureté, trahissait leur origine, et nous reconnûmes des Valaques. Ils ne voulurent d'abord pas nous répondre par méfiance; mais, quand ils jugèrent qu'ils n'avaient rien à craindre de nous, dès qu'ils nous eurent reconnus pour Français, ils nous dirent en *roumain* qu'ils étaient de Tchélébi-Keuï, petit village bulgare, que nous aperçûmes en effet peu de temps après, au fond d'une gorge aride et derrière une immense plaine marécageuse où paissaient de nombreux troupeaux de chevaux. Les buffles sont nombreux sur les rives du lac Kara-Sou, où ils se cachent au milieu des roseaux. Un grand bruit de feuilles froissées vint un instant nous révéler la présence de ces animaux, qui sortirent du marais pour venir se ranger en ligne de bataille devant nous. Nous mîmes nos chevaux au galop, et le troupeau se laissa traverser sans difficulté et même sans s'effrayer. L'autre rive du lac, que nous apercevions à deux ou trois kilomètres, est très-étroite et limitée par des falaises plus rapprochées des eaux que celles de la rive droite que nous foulions. Le lac n'y forme pas, dans les basses eaux, d'aussi vastes marécages. Ses petits golfes sont encaissés par de hautes falaises. L'extrémité du grand lac s'unit à deux autres petits lacs au moment des hautes eaux. Alors seulement ces nappes d'eau ont une profondeur considérable; elle était très-faible au moment de notre excursion. Les petits lacs étaient couverts d'oiseaux aquatiques blancs qui s'élevèrent comme un nuage à notre approche. Un pont est jeté sur le canal, à courant assez rapide, qui fait communiquer les petits lacs avec le grand. Ce pont est situé au carrefour de toutes les routes ou plutôt de toutes les directions suivies un peu importantes, entre la Dobroutcha et le pays de Babadag et de Toultcha. Nous cherchâmes en ce point la ville de Kara-Sou, à laquelle M. Poujade, dans son travail sur la navigation du bas Danube (journal la *Presse*, 1er mars 1856), donne quinze mille habitants; et nous ne l'eussions jamais trouvée, si quelques puits, des pierres tumulaires et des débris de murs cachés au milieu des foins ne nous en avaient montré les traces. Un incendie d'abord au commencement de ce siècle, puis le passage des Russes en 1829, ont fait disparaître jusqu'aux derniers vestiges de Kara-Sou. Les Turcs, avec la mobilité qui les caractérise, l'ont abandonnée; mais son nom subsiste encore, et une foire annuelle est venue jusqu'à ces dernières années rappeler au désert son ancienne animation. J'ai appris, depuis notre retour, la résurrection de la ville turque. « Des commerçants, dit la *Gazette autrichienne* (février 1855), qui ont visité la foire de Kara-Sou, ont été étonnés de trouver là une nouvelle ville appelée *Medjidié*. Les Tatars de Crimée, qui avaient pris parti pour les Turcs dans la dernière campagne, ne se croyant pas en sûreté chez eux après l'évacuation de leur territoire par l'armée alliée, se rendirent avec leurs familles dans la Dobroutcha pour y établir leurs nouveaux foyers. Pendant qu'ils trouvaient provisoirement l'hospitalité chez les Turcs et les Bulgares, jusque vers Schumla, le gouverneur de la province, Saïd-Pacha, eut l'idée de les réunir dans une ville nouvelle, qu'il nomma *Medjidié* en l'honneur du sultan. Cette ville, dont la construction a commencé il y a quelques mois à peine, compte déjà plus de mille maisons habitées, et beaucoup d'autres en construction. Elle contient aussi des khans pour les étrangers et un bazar. »

Le lac Kara-Sou atteint presque le village tatar d'Alacapo, à dix-huit kilomètres de Kustendjé. Alacapo doit à cette position géographique son insalubrité et l'endémicité de ses fièvres. La plaine limoneuse qui forme l'extrémité des lacs ressemble de loin à un immense tapis jaune, tant le nivellement en est parfait. L'extrémité des lacs se trouve à trente-cinq kilomètres du Danube et est encore séparée de la mer Noire par un plateau de sept lieues et demie de longueur, dont la hauteur est d'environ soixante mètres au-dessus du niveau de la mer.

Nous fûmes heureux de trouver enfin, à Kara-Keuï, un déjeuner dont nous désespérions; nous rentrâmes à cinq heures et demie à Kustendjé, après avoir fait environ dix-huit lieues dans la journée.

Je n'ai pas eu l'occasion de visiter le fertile pays de la Toultcha ni la région des bouches du Danube; aussi ne parlerai-je que de ses habitants, qui sont venus en foule se mettre au service de la mission et de l'intendance, et que j'ai pu étudier tout à mon aise. La population la plus intéressante de cette région est cette nombreuse population cosaque ou russe qui a rendu de si grands services à l'intendance française. Les Russes étaient les meilleurs ouvriers de la Dobroutcha, les plus laborieux et les plus intelligents. Ils étaient surtout d'excellents faucheurs. Leurs femmes et leurs enfants s'occupaient du fanage. Dans les villes les grands Russes sont commerçants, et exercent aussi les métiers de maçon, de charpentier, de scieur de bois, etc.; dans leurs villages, qui sont presque tous sur les bords du lac Razelm et du Danube, leur occupation principale est la pêche, dont la conséquence est toujours le commerce. Cette apti-

tude mercantile est le trait particulier du caractère des Moscovites.
C'est surtout à cela qu'ils doivent le nom de lippovans (*lipone*, en
langue rousniaque, *colporteur*) que leur donnent les autres peuples.
Tous les grands Russes ou Moscovites ont conservé leur ataman; ils
forment une communauté particulière, et n'ont d'autres juges que
leurs anciens. Ils ne payent point les mêmes impôts que les rayas,
mais ils sont assujettis au service militaire et servent dans les régi-
ments de cosaques ottomans.

Le fanatisme religieux est très-grand chez les Moscovites de la Dobroutcha. Ce sont tous des sectaires qui ont fui devant la persécution
que le cabinet de Pétersbourg a exercée à diverses époques contre
les dissidents. Aussi peut-on trouver sur la rive droite du Danube des
échantillons de presque toutes les sectes moscovites.

Je dois à l'obligeance de M. Merey, ancien officier hongrois, d'origine rousniaque, que j'ai eu l'honneur de rencontrer à Kustendjé, de
très-intéressants renseignements sur les diverses sectes russes de la
Dobroutcha.

1° La plus importante est celle des *Starovertsy* ou *Storabradsy*,
vieux croyants, qui suivent les anciennes cérémonies (*staraïa véra*,
vieille croyance, *obrada*, cérémonie). Sous le règne du czar Alexis
Mickaïlowicz (vers 1654), le patriarche Nicon fit corriger les traduc-
tions des livres sàints, qui étaient devenus incompréhensibles à cause
des erreurs accumulées par les copistes; il fit imprimer ce texte corrigé
et l'introduisit dans les églises. Certains prêtres du clergé inférieur et
le peuple n'acceptèrent pas cette nouvelle traduction. Ils considéraient
comme un sacrilége d'avoir voulu toucher à l'œuvre des saints Cyrille
et Méthode. Ils n'ont pas admis non plus les peintures modernes dans
leurs églises, et se servent des copies des vieilles images qu'ils croient
être les véritables portraits des saints. Ils font le signe de la croix
avec deux doigts, ils gardent très-strictement le carême et les jours
maigres, ne fument pas de tabac, ne mangent pas de lièvre, portent
la barbe et n'admettent jamais les étrangers ni dans leurs maisons ni
dans leurs églises, etc. Ils se considèrent comme les gardiens de la
vraie religion, et espèrent que le temps viendra où leur culte prendra
le dessus et où ils pourront rentrer dans leur patrie. Quand on leur demande des preuves de leurs espérances, ils répondent que tout est

écrit dans les livres. Aussi sont-ils très-superstitieux à cet endroit. Le
mot livre, *kniga*, a pour eux un sens tout mystérieux; il représente
une puissance morale; leurs prêtres ne sont respectés que parce qu'ils
savent lire dans les livres saints. Comprendre le sens des livres saints
est une faveur que Dieu ne réserve qu'aux élus. Pour eux l'empereur
de Russie, les gouvernants et le clergé moderne, sont hérétiques. Toute
la sympathie du peuple en Russie est pour cette secte, et, si le gouvernement ne s'y opposait pas par des mesures de rigueur, le culte
ancien prendrait bien vite la place du moderne. J'ai déjà dit ailleurs
que les Starovertsy avaient longtemps lutté contre le gouvernement
russe, auquel ils causèrent autrefois, à l'aide des strelitz, de très-grands
embarras. Le nombre de ces sectaires s'accroît tous les jours, dans la
Dobroutcha, de nouveaux réfugiés qui se convertissent à eux en arrivant, ou qui du moins, par convenance, font semblant de partager
les opinions et les coutumes des Starovertsy. Ils entretiennent des
relations très-suivies avec leurs coreligionnaires de la Bucovine, de
la Moldo-Valachie, de la Moscovie et des rives du Don.

La secte des *Némoliaki* (qui ne *prient pas*, de *molit*, prier, et *ne*,
ne pas) prétend que Dieu connaît les besoins des mortels, et que
c'est l'offenser que de les lui rappeler. Ils se regardent comme des
chrétiens réformés, et sont en quelque sorte les protestants de l'église
schismatique russe. Ils s'occupent surtout de commerce à Toultcha.
De l'autre côté du Danube on en trouve encore dans quelques villes de
la Transylvanie, à Cronstad (Brashov), Hermandstadt, etc.

Les *Bezpopovstsy* (de *pop*, prêtres, et *bez* sans) n'ont pas de ministres du culte; mais ils prient Dieu.

Les *Molokany* (*moloka*, lait) ne mangent pas la chair des animaux,
et ne se nourrissent que de légumes et de lait. L'origine des trois dernières sectes dont je viens de parler est très-obscure; le nombre des
adeptes en est du reste très-petit; les Molokany surtout ne sont pas
communs dans la Dobroutcha.

Les *Soubbotniki*, qui fêtent le samedi (*soubbota*), sont beaucoup
plus nombreux dans l'empire russe que tous les autres sectaires,
parce que le gouvernement les a moins persécutés. Aussi les rencon-
tre-t-on moins à l'étranger. Cette secte, toute judaïque, présente un
intérêt historique assez grand, en ce qu'elle peut servir de preuve aux

historiens qui soutiennent que le grand-duc Vladimir, avant d'embrasser le christianisme, avait adopté la religion juive. Les historiens russes officiels ont de la répugnance à partager cette opinion, et disent que les Soubotniki sont les descendants de l'ancienne peuplade des *Chozars*.

Il ne me reste plus maintenant à parler que des *Scoptsy* (eunuques). Cette secte est très-peu nombreuse en Russie, parce qu'elle y est rigoureusement persécutée par le gouvernement. Elle est interdite en Valachie, ou du moins on lui défend le prosélytisme. Son siége principal est à Yassi, où elle a une église. On ne voit dans la Dobroutcha que des voyageurs de cette secte, qui viennent y séjourner quelquefois pour des affaires de commerce. Les Scoptsy sont en général assez riches, aiment l'aisance et se secourent mutuellement. On connaît très-peu leurs cérémonies religieuses, qu'ils couvrent d'un grand mystère. Ils cachent surtout leurs cérémonies funèbres, de sorte que l'on ne sait ni où sont leurs cimetières ni ce qu'ils font de leurs morts. Tout ce qu'on connaît de leur religion, c'est qu'ils se mutilent après avoir eu trois enfants, pour ne pas surcharger, disent-ils, la terre de l'espèce humaine. M. Caillat nous a donné sur les Scoptsy, qu'il appelle à tort Scaptzy, de fort curieux détails dans son voyage médical dans les provinces danubiennes. Les Scoptsy ne sont pas d'origine tatare, comme le croit cet auteur; tous les sectaires dont je viens de parler sont des Moscovites pur sang ou des Cosaques du Don, qui ont une origine commune et que les Rousniaques confondent sous le nom de *Lippovany*.

Les *petits Russes* (*Rousniaques*, *Ruthènes*, habitants de la Russie rouge, de la petite Russie : *Gallicie, Podolie, Volhynie, Kiew, Ukraine*) occupent une grande partie des villes et des villages du massif de Babadag : ce sont des déserteurs de l'armée russe ou des gens qui fuient la tyrannie des seigneurs; ils s'occupent surtout d'agriculture. Les petits Russes paraissent être les descendants des anciens Cosaques Zaporogues, réfugiés en Turquie depuis que le gouvernement russe voulut porter atteinte à leurs priviléges. Reçus comme *mussafirs* (hôtes), ils conservèrent leur chef ou *ataman*, et continuèrent à former une corporation guerrière qui rendit quelques services aux Turcs dans la guerre contre les Serbes; mais, au moment de l'invasion de

1828, leur ataman trahit la cause ottomane et passa du côté des
Russes. Quand ceux-ci évacuèrent la Turquie, ils emmenèrent avec
eux les Zaporogues, qui furent transportés d'abord dans la presqu'île
de Taman. Un petit nombre seulement d'entre eux parvint à se réfu-
gier de nouveau sur la rive droite du Danube. Ils ne jouissent plus
aujourd'hui d'aucun privilége particulier. L'intendance française a
employé tous ces hommes comme faucheurs; leur nom de *Zaporo-*
gues était toujours en honneur chez tous les autres Slaves. Les Rousniaques sont beaucoup moins laborieux que les grands Russes. Ils
aiment peu le travail. Agriculteurs et guerriers, ils se rapprochent
beaucoup, pour le caractère, des peuples méridionaux, dont ils ont le
type physique. Le petit Russe aime la poésie, la danse, la musique et
le chant; la poésie rousniaque est peut-être la plus belle des poésies
populaires de l'Orient. Tous les exploits des guerriers zaporogues,
toutes leurs luttes contre les Tatars, les Turcs, les Moscovites ou
les Polonais, sont redits par leurs chants ou *douma* (*doumat*, penser),
que Chopin nous a fait en partie connaître. Ces chants, en tons
mineurs, si pleins de caractère, que nous aimions tant à entendre,
faisaient toujours sur nous une profonde impression. Le petit Russe
est bon et hospitalier, et il ne manque jamais de faire entendre à l'é-
tranger qui le visite ses *lirnik* ou rapsodes chéris. Ce sont des
vieillards qui, avec l'accompagnement d'un instrument nommé *lira*,
racontent en prose rimée les souvenirs historiques de leur pays.
Ils sont fort persécutés, ainsi que leurs chants, par le gouvernement
russe.

Nous habitâmes Rassova jusqu'au 25 novembre, et nous pûmes
voir à l'ombre du drapeau français la ville ruinée se ranimer peu à
peu. Les émigrés rentraient de toutes parts; des maisons nouvelles
s'élevaient partout, et Rassova, au moment de notre départ, était
transformé. Plusieurs négociants étaient venus s'y établir, des fournisseurs de l'armée avaient élevé de grands magasins, autour desquels
se groupaient une foule d'arabas destinés à transporter à Kustendjé les
approvisionnements de l'armée; les bateaux à vapeur du Danube stationnent depuis cette époque devant Rassova, et tout promet à

cette ville une certaine importance, si, comme on doit l'espérer, rien ne vient entraver l'impulsion imprimée par la France. Mais, le 25 novembre, la première neige commençait à tomber, les steppes avaient pris un aspect bien triste. Les rives du fleuve et les lacs étaient gelés, et le dernier paquebot autrichien revenait de Galatz, traînant une longue chevelure de glaçons; le moment de notre départ approchait, et un pauvre paysan valaque, effrayé pour la prospérité naissante de Rassova, nous disait naïvement un jour : « Que deviendrons-nous quand vous nous aurez quittés ? »

Lorsque nous revînmes définitivement à Kustendjé pour nous y embarquer, le 27 novembre, nous crûmes retrouver notre désert du 7 juillet. Kustendjé nous parut triste et solitaire comme les steppes que nous venions de traverser, et qu'une légère couche de neige, fouettée par le vent, couvrait déjà. La plupart des ouvriers de l'intendance étaient partis : il ne restait plus que les *hamals* (portefaix) et *mahonadji* (bateliers) nécessaires à l'embarquement des foins; et, quoique la garnison française eût été augmentée pendant notre absence, le calme et le silence y avaient remplacé l'agitation bruyante. Mais pourtant toutes les boutiques que la présence des ouvriers avait fait surgir étaient restées. Les familles turques émigrées revenaient; de grands magasins avaient été élevés par l'intendance française et par des fournisseurs de l'armée sur d'anciennes ruines, et tout promettait cette future prospérité, qui n'a fait que croître encore depuis notre départ. Un Français qui a habité Kustendjé jusqu'à la fin de l'année 1856 nous a dit qu'au moment de son départ la route française était couverte de voitures de transport, et que quarante-quatre navires de commerce se balançaient sur les eaux du golfe de Kustendjé. Son admirable position géographique, sa proximité du Danube et la facilité des relations que la route nouvelle et le chemin de fer exécuté par une compagnie anglaise vont lui fournir avec les provinces danubiennes, promettent à Kustendjé une grande importance commerciale, grâce à l'élan donné par la présence des Français. Cette prospérité naissante ne sera plus entravée par des craintes de guerre que la paix actuelle a dissipées pour longtemps. J'ai déjà parlé de la résurrection de Kara-Sou sous le nom de Medjidié. L'avenir de la

Dobroutcha nous semble assuré. Les extrêmes de température de son climat, pas plus que son insalubrité, dont la réputation a été beaucoup exagérée, ne seront un obstacle au retour de la presqu'île danubienne à la vie de la civilisation[1].

[1] J'ai essayé de démontrer, dans un travail intitulé : *Mission médicale dans la Tatarie Dobroutcha* (*Union médicale*, 1857), le peu de fondement qu'avait le préjugé général qui s'attachait au nom de la Dobroutcha, durant le séjour des Français en Orient. Notre armée a trouvé, dans la région danubienne, une épidémie cholérique qu'elle eût pu rencontrer et qu'elle a rencontrée, en effet, partout ailleurs, à cette époque, et dont il ne faut nullement rechercher les causes dans les conditions météorologiques du pays lui-même.

Avec la climatologie, les conditions de salubrité et d'hygiène publique, et la nosographie, j'ai étudié dans ce travail la géographie, l'histoire naturelle et l'ethnologie de la région danubienne.

FIN.

www.ingramcontent.com/pod-product-compliance
Lightning Source LLC
Chambersburg PA
CBHW061416060726
47597CB00003B/1072